체호프 단편선

세계교양전집 38

체호프 단편선

안톤 체호프 지음

홍수연 옮김

올리버

안톤 파블로비치 체호프 Антон Павлович Чехов

• 차례 •

서기의 죽음

어느 멋진 저녁, 그에 걸맞게 멋들어지게 차려입은 서기 이반 드미트리치 체르뱌코프가 두 번째 줄에 앉아 오페라글라스로 오페레타 〈코르네빌의 종〉*을 관람하고 있었다. 공연을 감상하던 그는 용솟음치는 희열을 만끽했다. 그런데 갑자기…. (독자는 소설을 읽다가 이처럼 '그런데 갑자기'를 자주 맞닥뜨린다. 글쟁이들 말 틀린 거 하나 없다. 인생에서 놀랄 일이 어디 한두 가지인가!) 그런데 갑자기 그의 얼굴이 찌그러지고 눈은 초점을 잃더니 순간 숨이 멎었다…. 그는 눈에서 오페라글라스를 떼고 몸을 숙이더니…"에취!"하고 (짐작하다시피) 그만 재채기를 하고 말았다. 누가 어디서 재채기를 하든 그게 손가락질받을 일은 아니다. 농부는 물론, 경

* 코르네빌의 종: 프랑스 작곡가 로베르 플랑케트(robert planquette)의 대표적인 오페레타(1878년).

찰청장과 때로는 추밀 고문관조차 재채기를 한다. 누구나 하는 게 재채기다. 체르뱌코프는 당혹한 기색 하나 없이 손수건으로 얼굴을 닦아 내고는, 재채기하다가 남에게 피해를 주진 않았나 싶어 예의 바른 사람답게 주위를 둘러보았다. 그런데 그때 당혹 감이 엄습해 왔다. 첫 번째 줄 그의 바로 앞에 앉아 있던 노 신사 가 장갑으로 목과 대머리를 꼼꼼히 훔쳐 내며 구시렁거리는 게 보였다. 체르뱌코프는 그 노 신사가 교통부 소속 브리잘로프 사무총장이라는 것을 알아보았다.

'침이 튀었나 보네.' 체르뱌코프는 생각했다. '우리 부서 상관은 아니지만 영 꺼림직한데. 바로 사과해야지.'

체르뱌코프는 헛기침을 하고 몸을 앞으로 기울여 총장 귀에 속삭였다.

"죄송합니다, 각하. 제가 그만 침을 튀기는 바람에…."

"괜찮소, 신경 쓰지 말아요."

"용서해 주십시오. … 그러려던 건 아니었습니다."

"제발, 좀 앉아요! 음악 좀 들읍시다!"

체르뱌코프는 당황해서 멋쩍게 웃으며 무대로 눈을 돌렸다. 공연을 뚫어지게 보고는 있었지만, 더는 희열을 느낄 수 없었고, 안절부절못했다. 중간 쉬는 시간에 브리잘로프에게 다가가 주변을 얼쩡거리다가 마침내 용기를 내어 중얼거렸다.

"제 침이 튀었습니다, 각하. 용서해 주십시오…. 아시겠지만… 그러려던 건 아니었고…."

"그만하면 됐소. … 난 다 잊었는데 또 그 소리요!"총장은 언짢은 듯 아랫입술을 실룩거리며 말했다.

'잊었다면서 눈에는 노기가 서려 있는걸.' 총장을 미심쩍게 바라보며 체르뱌코프가 생각했다. '말도 못 붙이게 하니 이를 어째. 어떻게든 해명을 해야 할 텐데…. 그럴 의도가 아니었다고 말이야…. 그저 자연스러운 현상이었다고. 안 그러면 내가 일부러 그에게 침을 뱉었다고 생각할 거 아니야. 지금이야 괜찮다지만 나중에 가서 괘씸하다는 생각이 들면 어떻게 하라고!'

집에 돌아오자마자 체르뱌코프는 아내에게 결례를 범한 이야기를 해 주었다. 그가 보기에 아내는 이 사건을 너무 가볍게 치부하는 것 같았다. 처음에는 그녀도 다소 놀라나 싶더니 브리잘로프가 다른 부서 상관이라는 걸 알고는 안심한 모양이었다.

"뭐, 가서 사과하는 편이 아무래도 낫겠지." 그녀가 말했다. "안 그랬다가 자기를 공중 예절도 모르는 사람이라고 오해하면 어쩌려고."

"그렇다니까! 나야 바로 사과했지만, 진정성을 의심하는 눈치더라고…. 마음에도 없이 괜찮다고만 하더라니까. 하긴 제대로 해명할 시간이 없었지."

다음 날 체르뱌코프는 제복을 새로 갖춰 입고, 이발도 하고, 브리잘로프에게 해명하러 갔다. 총장 접견실로 들어서니 민원인 여럿이 보였고, 그들 사이로 민원인을 상대하는 총장이 보였다. 총장은 민원인 몇 명과 면담을 마치고 나더니 고개를 돌려 체르뱌코프를 바라보았다.

"어제 아르카디아극장에서, 기억하실지 모르겠지만, 각하," 서기는 말을 이어 갔다. "제가 재채기를 하는 바람에… 본의 아니게 침이 튀었습니다. … 정말 죄송…."

"어처구니가 없구만…. 괜찮다지 않았소!" 총장이 다음 민원인을 받으며 말했다. "무슨 일로 오셨나요?"

'말도 섞기 싫다 이건가?' 이런 생각에 체르뱌코프의 얼굴은 창백해졌다. '그렇다면 정말 화가 났다는 건데…. 아니, 이대로 대충 봉합해선 안 되겠어. … 제대로 해명해야지.'

총장이 마지막 민원인과 면담을 마치고 몸을 돌려 내실로 가려던 참에 체르뱌코프가 그 앞으로 한 걸음 나서며 중얼거렸다.

"각하! 각하를 귀찮게 하려는 생각은 추호도 없었고, 그저 제가 뉘우치고 있다는 것을 전달하고자 했을 뿐입니다! … 절대 고의는 아니었습니다. 너그러운 마음으로 제 말을 믿어 주십시오."

총장은 표정이 일그러지며 손사래를 쳤다.

"이보게, 지금 나를 갖고 노는 건가?" 그러더니 문을 쾅 닫고 들어가 버렸다.

'어째서 갖고 논다고 생각한 거지?' 체르뱌코프는 생각했다. '그렇게 들을 만한 대목은 하나도 없었는데, 윗사람이 저렇게 이해심이 없어서야. 이리 나오시겠다면 나도 저런 오만 방자한 인간에게 더는 사과하지 않겠어! 빌어먹을! 차라리 사과의 편지를 쓰는 게 낫지. 정말이지 찾아가는 건 이제 더는 못 해!'

이런 생각을 하며 그는 집으로 돌아왔다. 하지만 총장한테 편지를 쓸 수가 없었다. 생각에 생각을 거듭해 봤지만 딱히 쓸 말이 없었다. 그래서 다음 날도 직접 해명하러 가는 수밖에 없었다.

"어제 찾아와 감히 각하를 귀찮게 해 드렸습니다." 총장이 고개를 들어 뭔 말을 하려나 벼르듯이 그를 쳐다보자, 그는 말을 더듬거렸다. "각하 말씀처럼 각하를 갖고 놀려던 게 아니고…. 재채기하다가 본의 아니게 침이 튄 데 대해 사과드리려고…. 각하를 갖고 놀다니 천부당만부당합니다. 제 감히 어찌 각하를 갖고 놀겠습니까. 사람을 갖고 놀 작정이었다면, 그렇다면 사람을 존중하지 않는다는 것인데, 그렇다면…."

"나가!" 총장의 얼굴이 갑자기 붉으락푸르락해지더니 몸서리를 치며 소리쳤다.

"네?" 공포에 질려 기어 들어가는 목소리로 체르뱌코프가 반문했다.

"나가라고!" 총장이 발을 쾅쾅 구르며 반복했다.

체르뱌코프는 속에서 뭔가가 무너져 내리는 것 같았다. 눈앞이 컴컴하고 귀가 먹먹한 상태로 태엽이 감겼다 풀리듯 출입문까지 어찌어찌 가서 거리로 빠져나와 휘청거리며… 무의식적으로 집에 도착해 제복도 벗지 않은 채 소파에 털썩 주저앉아… 숨을 거두었다.

공포
- 내 친구 이야기

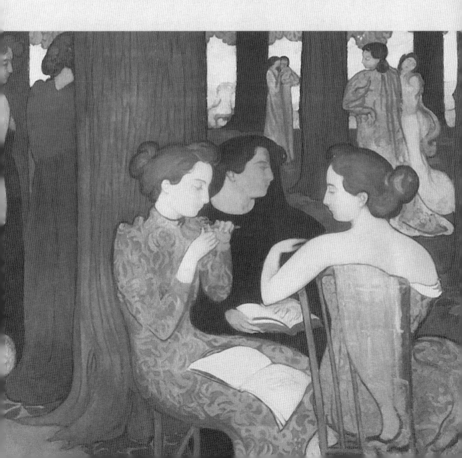

드미트리 페트로비치 실린은 학위를 받고 나서 페테르부르크에서 공직 생활을 시작했지만 서른에 직장을 관두고 귀촌했다. 작황은 꽤 좋았지만, 내 눈에는 그가 어울리지도 않는 촌구석에서 농사나 지을 게 아니라 페테르부르크로 돌아가는 게 맞지 않나 싶었다. 그는 시커멓게 탄 얼굴로 흙먼지를 뒤집어쓴 채 고된 일로 만신창이가 되어 대문 근처나 출입구에서 나와 마주쳤고, 저녁에는 쏟아지는 졸음을 이기지 못해서 그의 아내가 그를 아기 다루듯 침대로 데려가 눕히기 일쑤였다. 그가 간신히 졸음을 떨치고 진심이 묻어나는 애처로운 목소리로 근사한 생각들을 펼쳐 보일 때면 나는 그가 농부도 영농인도 아닌 그저 세상 걱정 다 짊어진, 지친 남자로만 보였다. 또 농사일도 정말로 좋아서 하는 게 아니라 그저 하루가 빨리 지나가서 '오늘도 무사히'라고 감사 기도를 드리고 싶어서 하는 것뿐이라고 확신했다.

14

나는 그 친구랑 있는 게 좋았기에 한번 농장에 갔다 하면 이틀이나 사흘은 머물다 오곤 했다. 그의 집과 공원, 넓디넓은 과수원과 강이 좋았고, 다소 힘없고 기교를 부리긴 해도 명료한 그의 철학이 좋았다. 지금까지도 당시의 내 감정을 딱 부러지게 설명할 수 없기에 확신까지는 못하겠지만, 그래도 나는 그의 말마따나 그를 좋아했던 것 같다. 그는 똑똑하고, 인정 많고, 진실한 사람으로 말 많은 타입은 아니었다. 하지만, 가장 소중한 비밀을 나한테 털어놓으며 우리가 끈끈한 우정으로 얽힌 관계라고 했을 때 나는 어딘가 영 불편하고 어색했다. 나에 대한 그의 감정에 뭔가 석연치 않고, 성가신 구석이 있었기에 당시에도 나는 그저 평범한 친구 사이를 훨씬 선호했으리라.

그도 그럴 것이, 사실 나는 그의 아내 마리야 세르게예브나에게 단단히 매료되어 있었다. 사랑에 빠진 게 아니라 그녀의 얼굴, 눈동자, 목소리, 걸음걸이에 반했다. 한동안 그녀를 못 보면 보고 싶었고, 당시에는 아무리 애써본들 그처럼 젊고, 아름답고, 우아한 여자는 여간해서는 머릿속에 떠오르지도 않았다. 남의 아내와 딱히 뭘 해 볼 의도는 없었고 그런 건 꿈도 안 꿨지만, 뭣 때문인지 그래도 둘만 남게 될 때면 그녀의 남편이 나를 절친한 친구로 여기던 게 떠올라 기분이 묘했다. 내가 좋아하는 곡을 그녀가 피아노로 쳐 주거나 뭔가 재미난 이야기를 해 줄 때면 나도 흥이 나서 듣긴 했지만 동시에 웬일인지 그녀가 남편, 그러니까 내 친구를 사랑하고, 나를 그의 친구로만 보고, 내가 그들 부부

사이에 낀 신세라는 게 떠오를 때면 돌연 맥이 빠지고, 의욕도 사라지고, 묘한 기분이 들며 만사가 시큰둥해졌다. 이런 변화를 눈치챈 그녀는 대개는 이렇게 말하곤 했다.

"친구가 없으니 지루한가 보네요. 밭으로 사람을 보내 그이더러 오라고 해야겠네요."

그리고 드미트리 페트로비치가 들어오면 말하곤 했다.

"이제 친구가 왔으니 재밌겠어요."

그렇게 일 년 반이 흘렀다.

칠월 어느 일요일에 드미트리 페트로비치와 나는 딱히 할 일이 없어서 저녁거리를 사러 클루쉬노라는 큰 마을까지 마차를 타고 갔다. 이 가게 저 가게 기웃거리다 보니 어느덧 해가 지고 저녁이 되었다. 그날 저녁은 아마 내 평생 결코 잊지 못하리라. 비누 냄새가 나는 치즈와 타르 냄새가 나는 돌처럼 딱딱한 소시지를 사고 나서 맥주를 파나 싶어서 선술집으로 향했다. 마부가 편자를 박아야겠다며 대장간으로 가자, 그럼 우리는 교회 근처에서 기다리겠다고 했다. 걷다가 얘기하다 우리가 산 걸 두고 웃고 있는데, 그 동네에서 '40인의 순교자'라는 특이한 별명으로 통하는 한 남자가 스산한 기운을 풍기며 탐정인 양 조용히 우리 뒤를 밟고 있었다. 이 40인의 순교자는 다름 아닌 가브릴라 세베로프, 줄여서 가브류쉬카로, 내 밑에서 마부로 잠깐 일했다가 음주 문제로 내가 해고한 자였다. 그는 드미트리 페트로비치 밑에서도 일했는데 그놈의 술 때문에 거기서도 쫓겨났다. 그는 못 말리는 술고래로 허구한 날 술에 찌들어 그의 인생도 뒤죽박죽이 되고 말았다. 따지고 보면 그의 아버지는 사제였고 어머니는 귀족이라 그는 금수저를 물고 태어났다. 하지만 지친 기색이 역력하고 땀에 전 데다 비굴해 보이기까지 하는 그의 얼굴을 보나, 벌써 희끗희끗해지려는 그의 붉은 수염을 보나, 아니면 닳아빠진 리퍼 재킷과 붉은 셔츠를 보나, 특권층을 연상시킬 만한 구석은 눈을 씻고 봐도 찾아볼 수 없었다. 그도 자칭 배운 사람이라 신학교에 다닌 적이 있었지만 담배를 피우다 걸려 퇴학을 당해 학업을 마치지 못했고, 그 후 주교가 주관하는 성가대에서 성가를 부르며 이 년 동안 수도원에서 지냈지만, 이번엔 흡연이 아니라 '의지박약'으로 쫓겨났다고 했다. 그는 두 지방을 샅샅이 걸어 다니며 추기경 회의와 각종 정부 청사에 탄원서를 제출했고, 네 번이나 재판에 출두했다고 했다. 마침내 우리 마을에 눌러앉아 하인, 수목 관리사, 개 사육사, 교회지기 등 이것저것 해 보다가 바람기 다분한 과부 요리사와 결혼했다. 희망이라고는 없는 비천한 신분으로 전락해 더럽고 지저분한 것에 익숙해지다 보니 본인 입으로 특권층 출신이라 말하고 나서도 언제 적 일인지 까마득했고, 과연 진짜인가 싶기도 했다. 내가 이 이야기를 전하고 있는 지금 그는 직업도 없이 배달부나 사냥꾼을 사칭하며 떠돌아다니고 있었고, 그의 아내는 어디론가 자취를 감춰 버린 지 오래였다.

선술집에서 나와 교회로 가서 현관 앞에 앉아 마부를 기다렸다. 40인의 순교자는 조금 떨어진 곳에 서서 재채기라도 나오면 입을 가려 예의를 지키겠다는 듯이 손을 입에 대고 있었다.
이제 날은 어둑어둑해졌다. 축축한 저녁 내음이 확 끼쳤고 달이
막 떠오르는 중이었다. 고개를 드니 우리 머리 바로 위로 별이 빛
나는 맑은 밤하늘에 구름이 딱 두 조각 떠 있었다. 큰 구름 곁에
작은 구름이 마치 엄마를 쫄레쫄레 따라가는 아이처럼 석양이
붉게 타오르는 방향으로 흘러갔다.

"날씨 한번 기막히군!" 드미트리 페트로비치가 말했다.

"끝내주는…." 40인의 순교자가 맞장구를 치다 말고 입을 공
손히 가리며 기침했다. "그런데 드미트리 페트로비치, 무슨 일로
이곳까지 행차하셨나이까?" 대화에 어떻게라도 끼어들고 싶은
지 알랑거리는 소리로 물었다.

드미트리 페트로비치는 아무 대답도 하지 않았다. 40인의 순
교자는 한숨을 푹 내쉬더니 우리 쪽을 보지 않고 부드럽게 말
했다.

"저는 전능하신 하나님의 부름에 응해야만 한다는 이유 하나
만으로 고달프게 산답니다. 보시다시피 전 형편없고 무능한 남
자예요. 하지만 진짜, 거짓말 하나 안 보태고 수중에 먹을 빵 한
조각 없고, 개 팔자만도 못하답니다. … 이런 말이나 하다니 미안
해요, 드미트리 페트로비치."

실린은 듣고 있지 않았고, 두 주먹 위에 머리를 괸 채 상념에
잠겨 앉아 있었다. 교회는 높은 강둑 위로 난 길 끝에 자리 잡고
있었기에 우리는 교회 철조망 사이로 강과 강 주변의 초원, 그리

고 타오르는 모닥불 주위로 시커먼 형체의 사람들과 말이 어슬렁거리는 모습을 볼 수 있었다. 그리고 모닥불 너머 저 멀리에도 작은 마을이 있는지 불빛이 반짝거렸고, 거기 사람들이 노래라도 하는지 소리가 들려왔다. 강 위와 풀밭 여기저기서 물안개가 피어올랐다. 흰 우유 같은 뿌옇고 짙은 안개가 가느다랗게 휘감겨서 강 여기저기를 돌다가 물 위에 떠도는 별빛도 가렸다가 버드나무 가지 위에 걸터앉기도 했다. 순간마다 변신이라도 하듯 형태를 바꿔 가며 서로 껴안기도 했다가, 몸을 굽혀 공손히 인사를 하는가 하면, 기도하는 신부라도 된 양 팔을 하늘 높이 치켜들어 사제복의 넓은 소맷자락이 펄럭이는 모양을 연출하기도 했고…. 그 장면을 본 드미트리 페트로비치는 유령이나 죽은 사람이 연상되었는지 내 쪽으로 얼굴을 돌려 애처로운 웃음을 띠며 물었다.

"말해 보게, 친구. 왜 그런 거야? 뭔가 무시무시하고, 불가사의하고, 환상적인 이야기를 꺼내고 싶을 때면 우리 주변이나 현실 세계는 놔두고 왜 허구한 날 유령 세계니, 저승 세계를 들먹거리는 거냐고."

"그야 불가해한 건 두렵기 마련이니까."

"그럼, 현실 세계는 이해가 가고? 말해 봐, 그럼. 저승보다 이승을 더 잘 이해할 수 있다는 거야?"

드미트리 페트로비치가 내 곁에 바짝 다가앉자, 그의 입김이 내 볼에 닿는 게 느껴졌다. 황혼 녘에 창백하고 수척한 얼굴은 여느 때보다 더욱 창백해 보였고, 짙은 턱수염은 숯처럼 시커 멨다. 눈은 슬프면서 진실해 보였고, 무슨 끔찍한 이야기를 꺼내 려는지 지레 겁에 질려 있었다. 그는 내 눈을 들여다보더니 평소 처럼 애잔한 목소리로 말했다.

"우리네 삶도 저승 세계 못지않게 알 수 없고 무섭기는 마찬가 지야. 유령을 무서워하는 사람이라면 여기 있는 나나, 저 불빛이 나, 하늘도 무서워해야 한다고. 잘 생각해 보면 여기 이 모든 게 저세상의 유령만큼이나 환상적이고 도통 잡히지 않거든. 햄릿 왕자는 사느냐 죽느냐를 고민하다가 죽음이라는 깊은 잠에 빠지 고 나서 꿈에 나타날 환영이 두려워 목숨을 끊지 못했다지? 나 도 그 유명한 독백을 좋아하긴 하지만 솔직히 말하면 그 절절한 대사가 내 심금을 울린 적은 없어. 자네한테 친구로서 고백하는 데 난 가끔 우울해지면 내가 죽는 순간을 한번 그려 봐. 수천 개 의 우울한 환영을 상상해 보고, 고통스러운 절규가 뒤따르는 끔 찍한 악몽으로 나를 몰아가 보는 거지. 하지만 장담컨대 그게 아 무리 무시무시하더라도 현실 세계만큼은 아니야. 나는 인생을 모르겠고 사는 게 두렵다네, 친구. 모르겠어. 아마 나라는 인간 이 병적이고 나사 하나 빠진 사람인가 보지. 건전하고 건강한 사 람들은 보고 들은 것을 다 이해하는 것 같던데 나는 '이해된다 싶은' 기분은커녕, 날이면 날마다 공포로 병들어 가는 것 같아. 열린 공간을 두려워하는 병도 있다는데 난 인생을 두려워하는 병에 걸렸나 봐. 풀밭에 앉아 어제 갓 부화해 아무것도 모르는 작은 딱정벌레를 보고 있노라면 그 가엾은 것의 앞날에 두려울 일만 가득할 것 같고, 그 안에 내가 보여."

"정확히 뭐가 두렵다는 건데?" 내가 물었다.

"모든 게 두려워. 내가 본디 심오한 사상가가 아닌지라 사후 세계니, 인류의 운명 같은 화두는 그다지 관심도 없고, 딱히 알고 싶지도 않아. 날 가장 두렵게 하는 것은 누구도 피할 수 없는 평범한 일상생활이야. 내가 하는 행동들이 어디까지가 진심이고 어디까지가 거짓인지 구분이 안 되니 마음이 심란해. 학력과 생활 수준이 높아지면서 오히려 이 좁아터진 거짓된 공간에 갇혀 버렸다는 걸 알아. 평생 그저 자신과 남을 속이고, 그걸 알아채지 못하게 하려고 매일 같이 애써 왔던 거야. 앞으로도 죽는 날까지 이런 거짓된 삶에서 헤어 나오지 못할 것만 같아 무서워. 오늘 뭔가를 하고도 내일이 되면 왜 그렇게 했는지 이해가 안 돼. 페테르부르크에서 공무원으로 일할 때도 무서워서 도망쳐 왔어. 땅을 밟으며 일하면 나을까 싶어서 여기로 왔지만, 여전히 두려워…. 우리는 아는 게 거의 없으니 매일 같이 실수를 하지. 부당하게 서로 비방이나 하고, 서로의 삶을 망치고. 사는 데 하등 필요도 없고 방해만 되는 쓰레기 같은 일에 힘을 죄다 쏟아붓고 있어. 이 모든 노력이 왜, 누구를 위해 필요한지도 모르겠으니까 그저 두려울 수밖에. 나는 남들은 물론, 친한 동료마저 이해가 안 갈뿐더러 그들이 두렵기까지 해. 농부들만 봐도 두려워. 사는 목적이 얼마나 대단하길래 저리들 고생을 하는지, 뭣 때문에 살아가는지도 모르겠어. 인생의 목적이 즐거움에 있다면 농부들이야말로 불필요한 잉여인간 아니야? 인생의 목적과 의미를 가난과 끝나지 않는 절망적인 무지에서 찾아야만 하는 거라면, 이런 고문이 대체 누구를 위해, 무엇 때문에 필요한 거냐고? 나는 그 누구도, 그 어떤 것도 이해가 안 가. 그러니까 내 말은, 저기 친절하게도 마침 예시가 있군." 드미트리 페트로비치가 40인의 순교자를 가리키며 말했다. "저 인간을 한번 이해해 보라고!"

우리의 시선이 그를 향하고 있다는 것을 눈치챈 40인의 순교자는 그의 주먹에 대고 점잖게 헛기침을 하며 말했다.

"저는 좋은 주인분들께 늘 충심을 다했어요. 하지만 그놈의 술이 원수죠. 저 같은 불쌍한 친구를 배려하여 일자리를 주신다면 성상에 절이라도 하겠어요. 제가 뱉은 말은 제가 책임진다니까요."

교회지기가 우리 옆을 지나다가 놀라서 우리를 보더니, 줄을 잡아당기기 시작했다. 종소리가 갑자기 저녁의 고요한 침묵을 깨더니 느리게 여운을 남기며 열 번 울렸다.

"벌써 열 시네." 드미트리 페트로비치가 말했다. "그래, 갈 시간이야, 친구." 그가 한숨을 쉬었다. "남들 보기에는 무서울 게 하나 없는 그런 평범한 일상적인 생각들을 내가 얼마나 두려워하는지 자넨 짐작도 못 할 거야. 나는 그런 생각을 떨구려고 일에 몰두하고, 밤에 깊이 잠들고 싶어서 낮에 몸을 혹사하지. 애들이 있고 아내가 있다는 게 남들에게는 그저 평범해 보일지 모르지만, 그 중압감은 이루 말할 수 없다네, 친구."

그는 두 손으로 얼굴을 쓸어내리고 목소리를 가다듬더니 웃었다.

"내 사는 동안 얼마나 바보처럼 굴었는지 자네한테 말해 줄 수만 있다면!"그가 말했다. "사람들은 하나같이 나더러 사랑스러운 아내에, 귀여운 아이들도 있고, 내가 좋은 남편이요, 좋은 아빠라고들 하지. 다들 내가 매우 행복하다고 생각하고 부러워들해. 하지만 이왕 말이 나온 김에 내 감춰 둔 속마음을 말해 주지. 내 행복한 가정은 비통하게도 착각에 불과하고 난 그저 두려울 뿐이야."그의 창백한 얼굴이 찌푸린 웃음으로 일그러졌다. 그는 한쪽 팔을 내 허리 참에 두르고 저음으로 말을 이어 갔다.

"자네는 내 절친이야. 난 자네를 믿고 깊이 존경해. 하늘이 우리에게 우정을 허락했으니 우리는 마음을 열고 우리를 짓누르고 있는 비밀을 벗어던질 기회를 얻은 건지도 몰라. 자네가 나를 친구로 생각한다면 내게 진심을 말할 기회를 좀 줘. 내 가정생활은, 자네에게는 매혹적으로 보일지 몰라도 내 불행과 공포의 근원이라네. 애당초 결혼한 방식부터가 이상하고 어리석었어. 난 결혼하기 전부터 마샤를 미친 듯 사랑했고 이 년 동안 매달렸지. 다섯 번이나 청혼했지만, 그녀는 나한테 조금도 관심이 없다며 번번이 거절했어. 여섯 번째로 그녀 앞에 무릎을 꿇고 절박한 심정으로 결혼해 달라고 빌자, 그녀는 그러겠다고 했지. 그러면서 이렇게 말하더군. "난 당신을 사랑하지 않아요. 그래도 당신에게 충실할 거예요…." 나는 날 듯한 기분으로 냉큼 상황을 받아들였어. 당시에는 무슨 말을 하는지 알았다고 생각했는데, 지금은 하늘에 맹세코 무슨 말인지 모르겠어. '난 당신을 사랑하지 않아요. 그래도 당신에게 충실할 거예요'라니. 이게 대체 뭔 말이야? 안개 낀 것처럼 뿌옇고 어둡기만 해. 난 우리가 결혼하던 때 못지않게 지금도 그녀를 몹시 사랑해. 그런데 아내는 한결같이 무심하고 내가 집에서 멀어지면 좋아하는 것처럼 보여. 아내가 나를 좋아하는지 아닌지도 확실히 모르겠어. 모르겠어, 정말 모르겠다고. 하지만 자네도 알다시피 우린 한 지붕 아래 살고 서로를 '여보'라고 부르며, 한 이불을 덮고 자고, 둘 사이에 자식도 있고, 재산도 공동 명의이고…. 이게 다 뭐야! 뭔 의미가 있냐고? 그래서 어떻다는 건데? 친구, 자네는 다 이해가 돼? 이건 끔찍한 고문이야! 우리 관계를 도통 모르겠기에 난 어떨 때는 아내가 싫고, 어떨 때는 나 자신이 싫고, 어떨 때는 둘 다 한꺼번에 진절머리가 나기도 한다고. 내 머릿속이 꼬일 대로 꼬여 있어. 스스로 못살게 굴고 바보가 되어 가고 있다고. 그런데 아내는 마치 내게 침이라도 뱉듯이 갈수록 예쁘고 우아하고…, 아내의 머리카락은 윤기가 자르르 흐르고, 또 그 미소는 누구도 흉내 낼 수조차 없다는 생각에 젖어 드는 거야. 그래, 내 사랑이 절망적이라는 걸 알아. 내 자식을 둘이나 낳은 여잔데도 절망적인 사랑이라니! 이게 말이 돼? 끔찍하지 않아? 이게 유령보다 덜 끔찍하다는 거야?"

그는 한참 더 말을 쏟아 낼 기세였지만 다행히 마부의 목소리가 들렸다. 마차가 도착했다. 우리가 마차에 오르려고 하는데 40인의 순교자가 모자를 벗으며 마치 우리 같은 귀인들과 접촉할 기회를 오랫동안 기다리고 있었다는 듯이 우리 둘이 마차에 올라타는 것을 거들었다.

"드미트리 페트로비치, 나를 좀 써 주세요." 그가 머리를 한쪽으로 기울이고 눈을 반쩍이며 말했다. "자비를 베풀어 줘요! 굶어 죽을 지경이에요!"

"음." 실린이 말했다. "와서 한 사흘 머물게. 내 지켜본 다음 얘기해 보지."

"그럼요." 40인의 순교자가 기뻐하며 말했다. "오늘 당장 가겠어요."

여기서 집까지는 8킬로미터나 떨어져 있었다. 드미트리 페트로비치는 마침내 친구에게 마음을 열게 되어 기분이 좋았는지 가는 내내 팔을 내 허리에 두르고 있었다. 쓴소리도, 걱정 근심도 묻어 나오지 않는 흔연한 목소리로 가정만 원만하게 돌아갔더라면 그는 페테르부르크로 돌아가 거기서 연구직을 계속했을 것이라고 말했다. 한때 수많은 재능 있는 젊은이들을 촌구석으로 내몰았던 풍조가 개탄스럽다고도 했다. 또 러시아에는 호밀과 밀이 풍부하지만, 교양인은 절대적으로 부족하다는 둥, 강인하고 재능 있는 젊은이들이 학문, 예술, 정치에 몸담아야 한다는 둥, 그렇지 않으면 인력 낭비라는 둥…. 그는 신이 나서 자신의 의견을 피력하다가 목재 판매소에 가 봐야 해서 내일 아침 일찍 헤어

져야 하니 아쉽다고 했다.

마치 내가 그를 기만하기라도 한 듯 마음 한구석이 찝찝하고 씁쓸했다. 그러면서도 한편으로는 기분이 좋았다. 떠오르는 거대한 붉은 달을 보면서 키 크고 우아하고 아름다운 여인을 그려 보았다. 희디흰 얼굴에, 늘 맵시 있는 차림에, 사향 같은 다소 독특한 향기를 풍기는 여인, 그녀가 남편을 사랑하지 않는다고 생각하니 웬일인지 내 마음이 들떴다.

집에 도착하자마자 우리는 저녁을 먹으러 식탁에 둘러앉았다. 마리야 세르게예브나가 웃으며 우리가 산 음식들로 상을 차리는 동안 나는 그녀의 찰랑이는 머릿결과 미소가 정말로 일품이라는 것을 재차 확인했다. 남편을 사랑하지 않는다고 여길 만한 단서를 찾아볼까 싶어 그녀의 표정과 동작을 유심히 살펴보았더니 정말로 그런 것도 같았다.

드미트리 페트로비치는 곧 잠에 겨워 어쩔 줄 몰라 했다. 저녁을 먹고 나서 한 십 분 정도 함께 앉아 있다가 마침내 입을 열었다.

"친구, 알아서 즐기라고. 난 내일 새벽 세 시에 일어나야 해서 먼저 일어설게."

그는 아내에게 부드럽게 키스하고, 고마워하며 내 손을 따뜻하게 잡고는 다음 주에 꼭 오겠다는 약속을 받아 냈다. 그러고는 다음 날 늦잠을 자지 않으려고 별채로 가서 잤다.

마리야 세르게예브나는 페테르부르크에서 하던 식으로 늘 늦게까지 깨어 있었는데, 이번에는 왠지 그 점이 좋았다.

"그럼, 이제," 둘만 남자 나는 말을 걸었다. "저를 위해 친절히 한 곡 뽑아 주시렵니까?"

딱히 연주가 듣고 싶었던 것은 아니지만 어떻게 대화를 시작해야 할지 몰랐다. 그녀는 피아노 앞에 앉아 연주를 시작했고 무슨 곡이었는지는 기억나지 않는다. 나는 그녀 옆에 앉아서 그녀의 통통한 하얀 손을 보며 그녀의 차갑고 무심한 얼굴에서 뭔가 낌새를 읽어 보려 애썼다. 그런데 그녀가 무슨 일인지 나를 보고는 웃었다.

"친구가 없으니 지루하군요." 그녀가 말했다.

나는 웃었다.

"우정을 위해서라면 한 달에 한 번 여기 오는 걸로 충분했을 테지만, 저는 일주일이 멀다 하고 불쑥 나타나는걸요."

이렇게 말하고는 일어나 방을 왔다 갔다 했다. 그녀도 일어나서 벽난로까지 걸어왔다.

"그게 무슨 말씀이죠?" 그녀가 커다랗고 맑은 눈을 들어 나를 보면서 물었다.

나는 대답하지 않았다.

"당신이 한 말은 사실이 아니에요." 그녀는 잠시 생각하더니 말을 계속했다. "당신은 그저 드미트리 페트로비치 때문에 여기 올 뿐이죠. 그래도 정말 좋아요. 요즘 그런 우정은 찾아보기 어렵잖아요."

"아!" 나는 생각했고, 무슨 말을 해야 할지 몰라 물었다. "기분 전환 겸 정원으로 나가 보렵니까?"

나는 베란다로 나갔다. 긴장이 되어 전율이 머리끝까지 치솟았고 흥분이 되어 떨리다 못해 한기를 느꼈다. 우리가 쓸데없는 말이나 주고받을 것이며, 서로에게 건넬 수 있는 특별한 말 따위도 없으리라는 것은 자명했다. 하지만 그날 밤 나는 감히 꿈도 꾸지 못했던 일이 일어날 수밖에 없고, 그날 밤이 아니면 다시는 기회가 오지 않을 것을 알았다.

"날씨가 참 좋네요!" 나는 크게 말했다.

"그러든 말든 나랑은 아무런 상관도 없어요." 그녀가 대답했다.

나는 응접실로 들어갔다. 마리야 세르게예브나는 좀 전처럼 벽난로 근처에 서서 뒷짐을 진 채 먼 곳을 응시하며 생각에 잠겨 있었다.

"왜 상관이 없죠?" 내가 물었다.

"지루하니까요. 당신은 친구가 없을 때만 지루하죠. 하지만 난 늘 지루해요. 하지만… 당신이 알 바는 아니죠."

나는 피아노 앞에 앉아 그녀가 무슨 말을 할지 기다리며 화음을 넣고 있었다.

"제발 체면치레는 관두시죠." 그녀가 화난 얼굴로 나를 보며 말했고, 속상해서 금방이라도 울 것처럼 보였다. "졸리면 들어가 자요. 드미트리 페트로비치의 친구라고 해서 친구 아내의 지루함까지 달래 줄 필요는 없으니까요. 아량은 사양할게요. 제발 가요."

나는 물론 잠자리로 가지 않았다. 그녀는 베란다로 나갔고 나는 응접실에 남아 오 분 정도 악보를 뒤적거렸다. 그런 다음 나도 베란다로 나갔다. 우리는 커튼 그림자에 나란히 서 있었고, 발아래 계단은 달빛을 머금고 있었다. 시커먼 나무 그림자들이 꽃밭과 황금빛 모랫길까지 뻗어 있었다.

"나도 내일 떠나야겠어요." 내가 말했다.

"그러시겠죠. 남편도 없는데 여기 머물러서 뭐 하시게요." 그녀가 빈정대듯이 말했다. "당신이 나와 사랑에 빠지기라도 하면 얼마나 암담해질지 상상이 가네요! 좀만 기다려요. 어느 날 내가 당신 목에 와락 매달릴 테니…. 기겁해서 나한테서 내빼는 게 훤히 보이는군요. 거참 볼만하겠네요."

이렇듯 말에는 가시가 돋쳐 있고 창백한 얼굴은 성나 있었지만, 눈에는 부드럽고 열정적인 사랑이 가득했다. 나는 이미 이 사랑스러운 존재를 내 것인 양 받아들였고, 그러고 나서 보니 그녀의 눈썹이 더없이 섬세하고 반짝반짝 빛나고 있었다. 어째서 전에는 한 번도 알아채지 못했던 걸까. 곧바로 그녀를 내 가슴팍으로 끌어당겨 애무하고, 찰랑거리는 머릿결을 쓸어내릴 수도 있다는 생각이 들자 꿈만 같아 입가에 미소가 떠오르고 눈이 절로 감겼다.

"이제 잘 시간이네요… 평온한 밤 되세요." 그녀가 말했다.

"평온한 밤을 맞고 싶지 않아요." 나는 그녀를 따라 응접실로 들어가며 웃으며 말했다. "그저 평온하게 흘러가 버린다면 이 밤을 저주할 거예요."

그녀의 손을 꼭 잡고 문까지 데려다주는 와중에 힐끗 보니 내 말뜻을 이해한 눈치였고 나 역시 그녀의 마음을 헤아리게 되어 기분이 좋았다.

내 방으로 돌아왔다. 탁자 위 책들 사이에 드미트리 페트로비치의 모자가 놓여 있었다. 그걸 보니 문득 나를 향한 그의 우정이 떠올랐다. 나는 지팡이를 챙겨 정원으로 나갔다. 여기서도 안개가 피어올랐고 얼마 전에 강에서 보았던 길쭉하고 깡마른 유령 같은 형상들이 나무와 잔가지 사이를 오가며 주변을 에워싸는 게 보였다. 이들에게 말조차 붙일 수 없다는 게 영 아쉬웠다.

유난히 투명한 밤공기에 잎 하나하나, 잎에 맺힌 이슬 한 방울 한 방울이 유독 도드라져 보였고, 밤기운에 취해 비몽사몽인 와중에도 나를 향한 미소는 거두지 않았다. 초록색 의자를 지나치면서 문득 셰익스피어 작품*의 대사 한 구절이 떠올랐다. "저기 저 의자에 달빛은 어쩜 그리 살포시 내려앉아 있나!"

정원에 작은 언덕이 있어서 거기 올라가 앉았다. 달콤한 감정에 한껏 취해 있었다. 바로 두 팔로 그녀의 황홀한 몸을 가슴팍으로 끌어와 황금빛 눈썹에 입을 맞추는 게 정해진 순서다 싶었다. 그러면서도 그럴 수는 없을 거라 믿고 조바심을 떨어 보고 싶었는데, 그녀가 내 애간장을 태우지도 않고 순순히 나를 받아

* 셰익스피어 작품: 〈베니스의 상인〉.

들인 게 내심 아쉬웠다.

그런데 갑자기 육중한 발소리가 났다. 사잇길에 보통 키의 남자가 나타났고 난 그가 40인의 순교자라는 걸 단박에 알아보았다. 그는 의자에 앉아 있다가 깊은 한숨을 쉬더니 성호를 세 번 긋고는 몸을 뉘었다. 그러더니 바로 일어나 몸을 돌려 다시 누웠다. 모기와 축축한 밤공기 때문에 잠들기 힘들었던 것이다.

"아이고, 내 팔자야!" 그가 말했다. "사는 게 이리도 비참하다니!"

그의 술에 찌든 굽은 몸뚱이를 보고, 요란스레 내뱉는 깊은 탄식을 듣다가 그날 내게 고백했던 또 하나의 불행하고 쓰디쓴 삶이 생각났다. 그러다 보니 나만 이렇게 들떠 있어도 되나 싶어 영 찜찜하고 덜컥 겁이 났다. 나는 언덕을 내려와 집으로 갔다.

'그의 말마따나 인생이란 비참하지.' 나는 생각했다. '그러니 삶에 대한 예우 따위는 집어치우고 그냥 내 팔자 내 맘대로 주무르며 사는 거야. 삶이 우리를 박살 내기 전까지 사는 동안 어떻게든 쥐어짜 낼 수 있는 모든 것을 쟁취해 보는 거지.'

마리야 세르게예브나는 베란다에 서 있었다. 나는 말없이 그녀를 꼭 껴안고, 눈썹에, 양쪽 뺨에, 목에 키스를 퍼부었다.

내 방에서 그녀는 일 년도 넘게, 오래전부터 나를 사랑하고 있었다고 했다. 그녀는 영원한 사랑을 맹세했고, 울면서 자기도 데려가 달라고 애걸했다. 나는 달빛에서 그녀의 얼굴을 보고 싶어서 자꾸 창가로 데려갔고, 나에게는 너무도 달콤한 꿈인 것만 같왔기에 꿈인지 생시인지 확인하고 싶은 마음에 다급히 그녀를 꼭 껴안았다. 그런 황홀경을 경험했던 게 언제였나 싶었다…. 하지만 저 바닥 깊은 곳에서는 어딘지 모르게 어색하고 불편한 마음이 일었다. 그녀의 사랑은 드미트리 페트로비치의 우정만큼이나 부담스럽고 껄끄러운 뭔가가 있었다. 눈물과 맹세로 점철된 대단하고 진지한 열정이었지만, 나는 열정 안에 그 어떤 진지함도 원치 않았다. 눈물도, 맹세도, 미래에 관한 이야기도, 내가 원하던 게 아니었다. 우리 인생에서 이 달밤이 마치 별똥별처럼 찰나의 순간 번쩍하고 지나쳐 가길 바랄 뿐, 그걸로 난 충분했다!

세 시 정각에 그녀는 내 방에서 나갔고, 나는 문지방에 서서 그녀가 가는 것을 보고 있었다. 그런데 복도 끝에서 느닷없이 드미트리 페트로비치가 나타났다. 그녀는 가다가 그가 지나갈 수 있게 옆으로 비켜섰고, 얼굴에 혐오의 감정을 노골적으로 내비쳤다. 그는 멋쩍게 웃으며 헛기침하더니 내 방으로 들어왔다.

"어제 깜빡 모자를 여기다 두고 가서." 그는 나를 보지도 않고 말했다.

그는 모자를 찾더니 양손으로 쥐고 머리에 썼다. 그런 다음 당황한 내 얼굴과 내 슬리퍼를 보더니 그답지 않은 낯설고 쉰 목소리로 말했다.

"어쩌면 아무것도 이해하지 못하는 게 내 운명인가 봐…. 뭐라도 이해했다면 축하하네. 내 눈앞은 온통 컴컴하거든."

그러더니 밖으로 나가 헛기침을 했다. 창문으로 보니 그가 마구간 옆에서 직접 말에게 마구를 채우고 있었다. 손은 떨고 있었고, 초조한 듯 서두르며 집 주변을 계속 두리번거렸다. 아마도 공포가 엄습했으리라. 그리고 나서 그는 마차에 올라타더니 쫓기고 있어 두렵기라도 한 것처럼 말들을 채찍질했다.

얼마 지나지 않아 나도 집을 나왔다. 해는 이미 떠오르고 있었고 간밤의 안개는 소심하게 나뭇가지와 언덕에만 살짝 걸쳐 있었다. 마부석에는 40인의 순교자가 앉아 있었다. 이미 어디서 한잔했는지 한바탕 술주정을 부리고 있었다.

"나는 자유인이라고." 그가 말한테 소리쳤다. "오, 자기야, 정 알고 싶다면 말해 줄게. 나 진짜 귀족이라니까!"

내 머릿속에서 떨쳐 낼 수 없는 드미트리 페트로비치의 생각, 그의 공포가 내게도 들러붙었다. 나는 무슨 일이 일어난 건지 떠올려 보았지만, 하나도 이해할 수 없었다. 떼까마귀를 보다가 그들이 날고 있다는 게 너무도 생소하고 끔찍해 보였다.

'대체 내가 왜 그런 짓을 한 거지?' 나는 당황스럽고 절망에 차 계속해서 자문했다. '달리 전개될 수도 있었으련만 어쩌다 이 지경이 되어 버린 거야? 그녀가 나를 진심으로 사랑하는 게 누구에게, 무엇을 위해 꼭 필요했던 걸까? 그는 모자를 찾으러 내 방에 들어왔어야 했나? 모자가 그 일과 무슨 상관이람?'

나는 그날 페테르부르크로 떠났고, 그 후로는 드미트리 페트로비치나 그의 아내를 본 적이 없다. 들리는 말로는 부부는 아직도 함께 살고 있다고 한다.

베짱이

1

올가 이바노브나의 친구와 지인은 모두 그녀의 결혼식에 참석했다.

"그이 좀 봐. 그이한테 뭔가 있는 것 같지 않아?" 그녀가 남편을 향해 고갯짓하며 친구들에게 말했다. 마치 이처럼 투박하고, 평범하며, 내세울 거라고는 없어 보이는 남자와 결혼하는 이유에 관해 해명이라도 해야겠다는 말투였다.

남편 오시프 스테파니치 드이모프는 의사이자 고작 9등관에 해당하는 명목 참사관이었다. 그는 병원 두 곳에서, 한 곳에서는 외과 의사로, 다른 한 곳에서는 해부학 시연자로 근무했다. 매일 오전 아홉 시에서 열두 시까지는 환자 진료와 병동 업무로 바쁘다가 열두 시 이후에는 트램을 타고 다른 병원으로 이동해 시신을 해부했다. 개인 진료라고 해 봤자 수입은 연봉 오백 루블 정도로 보잘것없었다. 그게 전부였다. 그에 관해 무슨 할 말이 더 있겠는가? 반면 올가 이바노브나와 그녀의 친구들과 지인들은 어딜 봐도 보통 사람들은 아니었다. 저마다 어떤 식으로든 두각을 나타냈고 나름 이름도 알려졌다. 이미 유명 인사로 통하는 사람도 있었고, 아직 유명 인사 반열에는 오르지 못했지만, 장래가 촉망되는 이들도 있었다. 뛰어난 연기력으로 정평이 난, 국립극단의 배우도 있었다. 그는 우아하고, 지적이고, 겸손하기까지 하며, 누구보다 발성이 좋아 올가 이바노브나에게 대사를 낭독하는 방법을 가르쳐 주기도 했다. 후덕진 몸처럼 마음도 푸근한 오페라 가수도 있었다. 그는 올가 이바노브나가 게으름 피우지 않고 열심히 노력했더라면 내로라하는 가수가 되었을 텐데 인생을 좀먹고 있다며 아쉬워했다. 화가도 여럿 있었는데 그중에서도 단연 랴보프스키가 돋보였다. 그는 훤칠하고 잘생긴 스물다섯밖에 안 된 청년으로 장르 미술, 동물화, 풍경화를 섭렵했고, 전시를 열 때마다 갈채를 받았으며 최신작은 무려 오백 루블에 팔렸다. 그는 올가 이바노브나의 스케치를 손봐 주면서 뭔가 대단한 걸 할 수도 있겠다고 말하곤 했다. 첼로로 구슬픈 곡조를 기가 막히게 뽑아내곤 하던 첼리스트도 있었다. 그는 자기가 아는 여자들 가운데 그의 연주에 반주를 넣어 줄 수 있는 여자는 올가 이바노브나뿐이라고 공개적으로 떠벌렸다. 또 세간에 내놓은 중단편 소설과 희곡이 호응을 얻으며 아직 젊은데도 이미 유명해진 작가도 있었다. 또 누가 있나 보자. 음, 지주 바실리 바실리예비치를 빼놓을 수야 없지. 그림에 짤막한 글을 곁들이는 아마추어 삽화가인 그는 러시아 고전 양식, 고대 설화, 영웅 서사시에 유독 애착이 강했다. 종이든 도자기든, 구운 접시든 그의 붓만 닿았다 하면 마술처럼 변신했다. 이 자유로운 예술가 집단은 품위 있고 점잖기는 해도 워낙 복을 타고나 아플 때 말고는 의사가 있는지도 모르는 이들이라, 드이모프라는 이름은 시도로프나 타라소프 같은 이름과 별반 다를 게 없는 그렇고 그런 이름이었다. 드이모프도 웬만큼 키가 크고 어깨도 딱 벌어졌건만 이들 가운데 있으면 이상하게도 영 어색하고, 소외되고, 마냥 왜소해 보였다. 남의 외투를 걸친 것처럼 어색해 보이는 데다가 수염은 또 왜 그리 매장 점원 수염 같은지. 뭐, 그가 작가나 예술가였더라면 에밀 졸라의 턱수염을 연상시킨다고 했을지도 모르겠다.

한 화가는 황갈색 머릿결에 하얀 웨딩드레스를 입은 올가 이바노브나의 모습이 봄날 곱디고운 흰 꽃으로 뒤덮인 우아한 벚꽃나무 같다고 말했다.

"자, 내 말 좀 들어 봐요." 올가 이바노브나가 그의 팔짱을 끼며 말했다. "어떻게 이렇게 갑자기 결혼하게 되었느냐면요. 들어 봐요, 좀! … 먼저 우리 아버지가 드이모프와 같은 병원에서 근무하셨다는 말부터 해야겠어요. 속상하게도 아버지가 병에 걸리셨는데요, 그때 드이모프가 밤낮을 가리지 않고 병상을 지켰지 뭐예요. 그렇게 헌신적일 수가 없었어요! 저기, 랴보프스키! 그래

요, 작가님도 좀 들어 봐요. 정말 흥미진진하다니까! 가까이 좀
와 봐요. 정말 몸 사리지 않고 정성껏 돌봤어요. 마치 자기가 아
프기라도 한 것처럼 아파하면서요! 나도 밤잠 안 자며 아버지 곁
을 지켰죠. 그리고 어느 날 갑자기—공주님이 영웅의 마음을 얻
는다고 했나요—나의 드이모프가 사랑에 푹 빠져 버린 거예요.
때로 운명은 정말로 이상해요! 음, 아버지가 돌아가시고 난 다
음, 그는 간혹가다 나를 보러 왔고, 거리에서 서로 만나기도 하다
가, 어느 맑은 날 저녁에 뜬금없이 나에게 청혼을 하지 뭐예요….
온 줄도 몰랐는데 어느 순간 내 머리 위에 소복이 쌓인 눈처럼
어느새 정이 들어 버렸나 봐요…. 나는 밤새 한숨도 못 자고 울다
가 나도 모르게 그만 사랑에 푹 빠져 버린 거 있죠. 그리고 여기,
여러분도 보다시피 이제 난 그의 아내랍니다. 그이에게는 정말
강하고, 힘차고, 곰 같은 면이 있어요, 안 그런가요, 여러분? 조명
이 어두워서 그러는데 지금 그이 얼굴이 사분의 삼쯤 우리 쪽을
향해 있는 게 보이죠? 그이가 고개를 돌리면 이마 좀 봐 줄래요?
랴보프스키, 그이 이마 어때 보여? 드이모프, 우리 지금 당신 얘
길 하고 있어요!" 그녀가 남편을 불렀다. "이리 와요. 와서 당신의
듬직한 손을 랴보프스키에게 뻗어 봐요…. 그래요, 둘이 친구 하
라고요."

드이모프는 순박하고 따뜻하게 웃고는 랴보프스키에게 손을
내밀며 말했다.

"만나서 매우 반갑습니다. 의대 동기 중에도 랴보프스키가 있

었죠. 혹시 친척이었으려나요?"

2

올가 이바노브나는 스물둘, 드이모프는 서른하나였다. 그들의
신혼은 출발이 아주 근사했다. 올가 이바노브나는 응접실 벽을
온통 자신과 다른 화가들의 스케치로 도배했다. 액자에 넣어 건
작품도 있고 그대로 붙여 둔 것도 있었다. 피아노와 가구 주변
은 일본 우산, 이젤, 단검, 흉상, 사진, 다양한 색상의 천 조각들
로 고풍스럽게 구석구석 장식했다. 주방 벽은 목판으로 도배하
고 짚신과 호미를 걸어 두었으며 모서리에는 큰 낫과 갈퀴를 세
워 두어 러시아식으로 주방을 꾸몄다. 침실은 천장과 벽에 어두
운 천을 늘어뜨려 동굴처럼 꾸몄고, 침대 위로는 베네치아풍 조
명등을 걸어 두고 문에는 미늘창을 든 조각상을 세워 두었다. 다
들 젊은 부부가 아담한 집을 참 멋들어지게 꾸몄다고 생각했다.
올가 이바노브나는 매일 아침 열한 시가 되어야 일어나서 피아
노를 치거나 볕이 좋으면 유화 물감으로 뭔가를 그렸다. 그런 다
음 열두 시에서 한 시 사이에는 양장점에 들렀다. 드이모프와 올
가 이바노브나는 생활비가 빠듯했기에 매번 드레스를 살 수는
없었지만, 그녀와 양재사는 합심하여 종종 옷감을 기발하게 짜
깁기해서 새 옷으로 변신시켜 세간의 주목을 받을 수 있게 했다.
오래된 드레스를 염색하고, 망사와 레이스, 벨벳, 비단 천 조각

등을 덧붙여 따로 돈 들이는 않고 놀라운 작품을 탄생시켰다. 어찌나 마법을 잘 부렸던지 입고 날아가 버리는 게 아닌가 싶었다. 양장점에서 나와서는 마차를 타고 잘 아는 여배우를 찾아가 최근 극장가에 떠도는 소문을 듣고, 어쩌다가 나오는 새 연극의 시사회 입장권이나 자선공연 입장권을 챙겼다. 여배우와 회포를 풀고 나와서는 화가의 작업실이나 전시회, 일부 유명 인사를 찾아가는 게 순서였다. 딱히 무슨 일이 있다기보다는 유명인들을 초대하거나 그들 일터를 둘러보거나 아니면 그저 수다나 떨러 들른 것뿐이었다. 어딜 가든 그녀는 따뜻한 환대를 받았고, 다들 그녀가 착하고, 다정하고… 남다른 데가 있다고들 했다. 그녀가 치켜세우는 유명 인사들도 그녀를 그들과 동류로 받아들였다. 모두 이구동성으로 재능과 감별력, 지성을 겸비한 그녀가 제대로 집중만 했더라면 뭔가 훌륭한 일을 해냈을 거라고들 했다. 그녀는 노래를 부르고 피아노를 치고, 유화를 그리고, 조각하고, 아마추어 공연에도 참여했다. 이 모든 것을 그냥저냥 한 게 아니라 재능을 끌어다가 했다. 조명등을 만들든, 옷을 차려입든, 다른 남자의 스카프를 매 주든, 그녀가 했던 모든 일은 하나같이 우아하고, 예술적이고, 매력적이었다. 하지만 그 어떤 재능보다도 그녀는 유명 인사들과 금세 친해지고 친밀한 관계를 오래 유지하는 능력에 있어 그야말로 탁월한 재능을 보였다. 어떤 사람이 조금이라도 이름이 알려지거나 사람들 입에 오르내리기가 무섭게 그녀는 어느새 그와 친분을 쌓고, 서로 말을 튼 당일에 집으로 초대했다. 새로운 인사와 안면을 틀 때마다 그녀는 여간 마음이 들뜨는 게 아니었다. 그녀는 유명 인사를 찬미했고, 자랑스러워했으며, 매일 밤 그들 꿈을 꿨다. 그녀는 유명 인사를 갈구했지만, 아무리 갈구해도 성에 차지 않았다. 한물간 유명인들이 떠나고 나면 잊히고, 새로운 인물들이 그 자리를 꿰찼다. 하지만 이들도 오래 가지 못했고, 그녀는 그들에게 금세 물리거나 실망해서 또다시 신선한 인물들을 찾아 나서고, 갈구하고, 또 발굴하기를 반복했다. 대체 뭣 하러?

네 시에서 다섯 시 사이에는 남편과 집에서 식사를 했다. 그는 우직하고 분별력 있으며 다정해서 그녀의 마음을 움직이다 못해 마구 흔들어 놓았다. 그녀는 툭하면 그에게 달려가 충동적으로 목을 끌어안고 얼굴에 키스를 퍼부었다.

"드이모프, 당신은 참 똑똑하고 마음도 넓어요." 그녀는 이렇게 말하곤 했다. "하지만 당신한테 진짜 심각한 결점이 하나 있는데, 뭔 줄 알아요? 바로 예술에 통 관심이 없다는 거예요. 음악이고 미술이고 다 부정하죠."

"난 그것들을 잘 모르겠어." 그가 부드럽게 말하곤 했다. "나야 평생을 자연과학과 의학에만 매달렸는걸. 예술에 관심을 둘 만한 여유가 전혀 없었다고."

"하지만, 드이모프, 그건 정말 끔찍해요!"

"왜 그렇게 생각해? 당신 친구들도 과학이나 의학을 전혀 모르지만, 그렇다고 내가 그들을 비난하진 않잖아. 각자 자기 분야가 있는 거야. 난 풍경화와 오페라는 이해할 수 없지만, 이렇게 생각해. 어떤 분별력 있는 사람들이 평생 헌신해 온 작품에 또 다른 분별력 있는 사람들이 막대한 비용을 지급한다는 것은 그 작품들이 분명히 쓸모 있다는 말이지. 나야 예술 작품들을 이해할 수 없지만, 이해하지 못한다고 해서 그것들을 다 부정한다는 말은 아니야."

"듬직한 당신 손 좀 줘 봐요. 악수나 한번 해요, 우리!"

식사를 마치고 나면 올가 이바노브나는 친구들을 보러 간 다음 극장이나 연주회장으로 갔다가 자정이 넘어서야 귀가했다. 날마다 그랬다.

매주 수요일이면 그녀는 '홈파티'를 열었다. 이런 '홈파티'에서 안주인과 손님들은 카드놀이나 춤을 추는 대신 다양한 예술 활동을 즐겼다. 극단 배우는 대사를 읊고, 가수는 노래하고, 화가는 올가 이바노브나가 다량 보유하고 있는 앨범에 습작을 했고, 바이올린 연주자는 바이올린을 켜고, 안주인인 올가도 습작을 했다가 조각도 하고, 노래를 부르다가 반주를 넣기도 했다. 낭독, 연주, 노래를 한 차례씩 끝내고 나면 그사이에 그들은 문학, 연극, 그림에 관해 열띤 논쟁을 벌였다. 올가 이바노브나는 여배우와 그녀의 양재사를 뺀 여자들은 모두 하나같이 사람 피곤하게 하고, 저속하다고 생각해서 따로 초대하지 않았다. 공연이든 토론이든 현관에 초인종이 울렸다 하면 즉시 중단되었고, 안주인이 의기양양한 목소리로 "그이야."라고 말하고 나서야 재개되었다. 여기서 '그이'란 물론 새로 사귄 유명 인사를 지칭했다. 드이모프는 함께 있지 않았지만, 바깥주인을 찾는 사람은 아무도 없었다. 하지만 정확히 열한 시 반이 되면 식당으로 통하는 문이 열리고 드이모프가 나타나 상냥하고 부드러운 미소를 띠고 손을 비비며 말하곤 했다.

"신사분들, 와서 요기 좀 해요."

식당으로 가 보면 매번 정확히 같은 음식들이 있었다. 굴 접시, 햄이나 송아지 고기 한 덩어리, 정어리, 치즈, 캐비어, 버섯, 보드카, 와인 두 병.

"내 사랑, 호텔 지배인님!" 올가 이바노브나는 손뼉을 치며 흥분해서 말하곤 했다. "당신은 정말 끝내준다니까! 친구들, 그이 이마 좀 봐 줘요! 드이모프, 얼굴 좀 돌려 봐요. 봤죠? 그이는 벵골 호랑이상인데도 영양처럼 순하고 사랑스럽다니까요. 아, 내 사랑!"

방문객들은 음식을 먹다가 드이모프를 보고는 생각했다. '정말 좋은 사람이야.' 하지만 어느새 그는 뒷전으로 밀려났고, 그들은 연극, 음악, 그림과 관련해서 하던 이야기를 계속했다.

젊은 부부는 행복했고, 신혼은 평탄하게 흘러갔다.

하지만, 밀월 기간의 셋째 주는 그다지 행복하지 않게, 아니 우울하게 보냈다. 드이모프가 병원에서 전염성 피부 질환에 걸려 엿새나 병상에 누워 있었고, 그의 윤이 나는 검은 머리카락도 바짝 밀어 버려야 했다. 올가 이바노브나는 그 옆에 앉아 비통하게 울었지만, 병세가 호전되자 빡빡 민 그의 머리에 흰 손수건을 칭칭 둘러 아랍 유목민처럼 분장시킨 다음 그의 초상화를 그리기 시작했다. 그러고는 둘 다 기운을 되찾았다. 하지만 병원에 다시 출근한 지 사흘 만에 그는 또 다른 불운을 겪었다.

"난 운이 없나 봐, 여보." 그가 어느 날 저녁 식사 자리에서 말했다. "오늘 해부가 네 건이나 잡혀 있었는데, 절개하다가 그만 내 손가락을 한 번에 두 개나 베었지 뭐야. 그런데도 집에 돌아오기 전까지 전혀 몰랐어."

올가 이바노브나는 잔뜩 겁을 먹었다. 그는 웃으며 그녀에게 별일 아니라고, 해부 중에 종종 생기는 일이라고 했다.

"온통 당신한테 마음이 가 있느라 주의가 산만해졌나 봐."

올가 이바노브나는 남편이 감염되었을까 봐 너무 염려되어 밤마다 기도했는데 별 탈 없이 지나갔다. 그리고 다시 신혼생활은 걱정 근심 없이 평화롭고 행복하게 흘러갔다. 현재도 행복했고, 수천 가지의 기쁨을 가져다주기로 약속한 봄날도 이미 멀리서 웃음 지으며 다가오고 있었다. 그들의 행복은 끝날 기미가 보이지 않았다. 사월, 오월, 유월에는 읍내에서 한참 떨어진 여름 별장에서 걷고, 습작하고, 낚시하고, 나이팅게일 소리를 들을 계획이었다. 그런 다음 칠월에서 가을이 오기 바로 전까지는 볼가강에 화가들만의 여행 일정이 잡혀 있었다. 올가 이바노브나는 화가들만의 여행에 빼놓을 수 없는 핵심 인물로 참가할 터였다. 그녀는 이미 리넨 여행복을 두 벌 준비했고, 여행용 물감, 붓, 캔버스, 팔레트를 새로 샀다. 랴보프스키는 하루가 멀다 하고 그림에 얼마나 진전이 있는지 보러 그녀를 방문했다. 그녀가 그림을 보여 주면 그는 손을 주머니에 깊숙이 쑤셔 넣고 입술을 앙다물고 콧바람을 내며 말하곤 했다.

"아… 아! 구름이 아우성치고 있잖아. 저물녘 구름 빛은 차분할 텐데. 전경이 다소 씹혔네. 뭔가 있는데, 알다시피 저건 아니고…. 오두막치곤 지붕이 너무 무거워. 그러니 낑낑댈 수밖에. 저 귀퉁이는 좀 더 그늘 차지여야 하는데…. 그래도 뭐 전반적으로 나쁘진 않아. 맘에 들어."

그가 아리송하게 말하면 할수록 올가 이바노브나는 오히려 바로 알아들었다.

3

삼위일체 대축일 주간의 둘째 날 오찬 후에 드이모프는 달콤한 디저트와 짭짤한 안줏거리를 사서 아내를 보러 별장으로 내려갔다. 못 본 지 이 주나 되어 아내가 사무치게 그리웠다. 기차에 앉아 있는 내내, 그리고 내려서 우거진 숲을 걸으며 별장을 찾아가는 내내, 몹시 배가 고프고 지쳤지만, 아내와 오붓이 저녁을 먹고, 그런 다음 침대에서 뒹굴며 푹 잘 생각에 맘이 부풀었다. 그가 사 온 꾸러미를 보며, 그 안에 들어 있는 캐비어와 치즈, 은연어를 생각하니 흐뭇했다.

별장에 겨우 도착해서 잘 찾아왔는지 확인할 무렵에는 어느덧 해가 지고 있었다. 나이 든 하인이 안주인은 지금 집에 안 계시지만 곧 오실 것 같다고 했다. 별장은 천장이 낮은 데다 습자지로 발려 있고 바닥은 틈새가 많고 고르지 않아 겉보기에도 볼품없었고, 방도 딱 세 개뿐이었다. 한 방에는 침대가 있었고, 다른 방에는 캔버스와 붓, 기름종이 외에도 남자들 외투와 모자가 의자와 창문에 걸쳐 있었으며, 세 번째 방에는 낯선 남자 세 명이 있었다. 둘은 머리색이 짙고 턱수염이 났으며, 나머지 한 명은 깔끔하게 면도한 뚱뚱한 남자로 딱 보기에도 배우였다. 식탁에는 주전자 물이 끓고 있었다.

"어떻게 찾아오셨소?" 배우가 드이모프를 못마땅하게 쳐다보며 목소리를 깔고 물었다. "올가 이바노브나한테 볼 일이 있소? 잠시 기다리시오. 곧 올 거요."

드이모프는 앉아서 기다렸다. 머리색이 짙은 남자 중 한 명이 졸린 눈으로 힘없이 그를 바라보며 자신의 잔에 차를 따르더니 물었다.

"차 좀 드실 테죠?"

드이모프는 배도 고프고 목도 말랐지만, 식사 전이라 밥맛이 떨어질까 봐 사양했다. 이내 발소리와 친숙한 웃음소리가 들려왔다. 문이 쾅 닫히고 넓은 챙 모자를 쓴 올가 이바노브나가 화구 상자를 손에 들고 방으로 들어왔다. 이어서 볼이 발그레하고 기분이 좋아 보이는 랴보프스키가 큰 우산과 접이식 의자를 들고 들어왔다.

"드이모프!" 올가 이바노브나가 소리쳤고, 좋아서 얼굴이 달아올랐다. "드이모프!" 머리와 양팔로 그의 가슴에 파고들며 재차 외쳤다. "정말 당신이에요? 왜 그렇게 오랫동안 안 온 거예요? 왜요? 왜?"

"언제 시간이 나야 말이지, 여보. 나야 늘 바쁘잖아. 여유가 생겨도 기차 시간이 안 맞고."

"하지만 당신을 보니 얼마나 기쁜지! 밤새 당신 꿈만 꿨다고요, 밤새요. 당신이 병난 게 아닌가 걱정도 됐고요. 아! 당신이 얼마나 다정한 남잔지 당신도 알아야 하는데! 때마침 잘 왔어요! 당신은 내 구세주예요! 당신만이 나를 구해 줄 수 있는 유일한 사람이라고요. 내일 여기서 진짜 결혼식이 있어요." 그녀는 웃다가 남편의 목도리를 매 주며 계속 말을 이어 갔다. "치켈디예프라는 젊은 전신원이 결혼할 거예요. 잘생긴 젊은이로 글쎄 바보는 아니고, 뭔가 우직하고, 보고 있자면 곰이 생각나고…, 젊은 노르만족을 떠올리면 무난할 거예요. 여기 온 여름 손님들이 그에게 관심이 많아서 그의 결혼식에 가겠다고 약속했어요…. 그는 외롭고 소심한 데다가 형편도 넉넉지 못한데, 식에 참석하지 못하겠다고 하면 얼마나 속상하겠어요. 멋질 거예요! 결혼식은 예배 본 다음에 할 거고요, 식을 올리고 나서는 우리 모두 교회에서 신부네 집까지 걸어가기로 했다니까요…. 숲과 노래하는 새들과 풀밭 위에 햇빛 조각, 그리고 우리는 모두 밝은 초록색 배경에 다양한 색깔의 점들로 찍히는 거죠. 정말 독특하죠? 프랑스 인상파가 연상되지 않나요? 그런데 드이모프, 난 뭘 입고 교회에 가죠?" 올가 이바나노브가 말했다. 그녀는 마치 금방이라도 울 것처럼 보였다. "여긴 아무것도 없어요. 말 그대로 아무것도요! 드레스도, 꽃도, 장갑도… 당신이 날 살려 주겠죠? 당신이 왔으니 운명도 내게 살길을 열어 준 거예요. 소중한 당신, 여기 열쇠를 가지고 집에 가서 옷장에 걸린 내 연분홍색 드레스를 갖다줘요. 옷장 앞쪽에 걸려 있는 거 기억하죠? … 그러고 나서 창고 바닥 오른쪽을 보면 종이 상자 두 개가 있을 거예요. 위에 있는 상자에는 망사랑 레이스, 각종 천 조각이 있고, 그 아래 꽃이 있어요. 부서지지 않게 꽃만 조심스럽게 꺼내 줘요, 내 사랑. 내가 나중에 그중에서 고를 테니…. 참, 그리고 장갑도 좀 사다 줘요."

"그래, 좋아." 드이모프가 말했다. "내일 가서 가져다줄게."

"내일요?" 올가 이바노브나가 반문하며 놀란 표정으로 그를 바라보았다. "내일은 시간이 없어요. 내일 첫 기차가 아홉 시인데 결혼식은 열한 시라고요. 안 돼요, 여보. 오늘이어야 해요. 오늘이 아니면 안 된다고요. 내일 당신이 올 수 없다면 사환 편에 보내 줘요. 자, 서둘러 가야만 해요…. 기차가 곧바로 있을 거예요. 놓치면 안 돼요, 내 사랑."

"알겠어."

"아, 당신을 떠나보내야 한다니 정말 속상해요!" 눈에 눈물이 고인 채 올가 이바노브나가 말했다. "바보처럼 내가 전신원한테 왜 그런 약속을 했나 몰라."

드이모프는 급히 차를 마시고, 과자만 한 개 집어 든 채 점잖게 웃으며 역으로 길을 나섰다. 캐비어와 치즈, 은연어는 흑발의 두 신사와 뚱뚱한 배우가 먹어 치웠다.

4

어느 고요한 칠월의 달밤, 올가 이바노브나는 볼가강에 띄운 증기선의 갑판에 서서 강물과 그림 같은 강기슭을 번갈아 보고 있었다. 랴보프스키는 곁에 서서 물에 비친 검은 그림자는 그림자가 아니라 꿈이라고 했다. 그러니 그만 다 잊고 빠져 죽어 추억이 된다면 차라리 감미로울 거라고 했다. 찬란하게 반짝이며 유혹하는 강물을 보면서, 음침하고 어렴풋한 강기슭을 보면서, 인생의 덧없음과 숭고하고 축복받은 영원의 존재를 일깨워 주는 한없이 드높은 하늘을 보면서 그는 그렇게 말했다. 과거는 뻔해서 재미없고, 미래는 시시할 게 뻔하며, 일생일대에 한 번뿐인 기막히게 멋진 오늘 밤은 곧 끝나 영겁의 세계로 섞여 버릴 텐데…. 우리는 왜 사는 걸까?

올가 이바노브나는 랴보프스키의 말과 밤의 고요에 번갈아 가며 귀 기울이다가 자신은 불멸이며 죽어 사라질 일은 없을 것만 같았다. 생전 본 적 없었던 터키색으로 물든 볼가강과 하늘, 강기슭, 검은 그림자, 그리고 그녀의 영혼에 넘쳐흐르는 형용할 수 없는 기쁨, 이 모든 것이 그녀가 위대한 예술가가 될 것이며, 저 멀리 어딘가에, 달빛을 뛰어넘은 무한한 공간에 성공과 영광, 사람들의 환호가 그녀를 기다리고 있다고… 말해 주고 있었다. 눈도 깜빡이지 않고 먼 곳만 바라보고 있었는데 어디선가 군중과 조명, 승리의 찬가, 환호성이 들리고, 하얀 드레스를 입고 있는 자신과 그런 그녀에게 사방에서 꽃잎을 뿌려 대는 장면이 보이는 듯했다. 또한 그녀 바로 옆, 증기선의 뱃전에 팔꿈치를 기대고 서 있는 이 남자가 진정한 위인이며, 천재이자, 신의 선택을 받은 자… 라고 그녀는 생각했다. 지금껏 창조했던 그의 작품들도 모두 훌륭하고 신선하며 대단했지만, 그의 희귀한 재능이 완숙의 경지에 오르는 그때가 되면 그의 창작물은 더없이 놀랍고 헤아릴 수 없이 숭고할 것으로 생각했다. 그건 그의 얼굴만 봐도, 자신을 표현하는 방식이나 자연에 대한 태도만 봐도 알 수 있었다. 그는 그림자와 저녁의 색조와 달빛을 자신만의 특별한 언어로 이야기했다. 자연 본연의 모습을 넘어서는 환상적인 그의 표현력에 누가 탄복하지 않겠는가. 그는 매우 잘생긴 데다 독창적이었고, 그의 인생은 모든 일반인의 관심사에서 초연하여 새처럼 자유롭고, 독립적이었다.

"쌀쌀해지네." 올가 이바노브나가 말을 뱉고 나서 몸을 떨었다.

랴보프스키는 그의 클록 코트로 그녀를 감싸며 애절하게 말했다.

"난 당신 손아귀에 있는 것만 같아, 노예처럼. 오늘따라 왜 이리 매혹적인 거지?"

그가 열렬한 눈동자로 뚫어지게 그녀를 바라보았기에 그녀는 그를 똑바로 보기가 두려웠다.

"당신을 미치도록 사랑해." 그가 그녀의 뺨에 가쁜 숨소리를 내며 속삭였다. "내게 한마디만 해 줘. 그럼 난 더는 목숨에 연연하지 않을 거야. 그림을 관둬도 좋아…." 격한 감정에 휩싸여 그가 중얼거렸다. "나를 사랑한다고. 나를…."

"그런 말 말아요." 올가 이바노브나가 눈을 감으며 말했다. "말도 안 돼! 드이모프는 어쩌고?"

"드이모프가 뭐? 드이모프가 왜? 나랑 드이모프랑 무슨 상관인데? 볼가강과 달밤, 아름다운 여인인 내 사랑, 그리고 환희, 거기에 드이모프 같은 건 낄 자리가 없어…. 아, 몰라! … 과거 따위알 게 뭐야. 잠시만 내게도 여지를 줘, 한순간만이라도!"

올가 이바노브나의 심장은 요동치기 시작했다. 그녀는 애써 남편을 생각해 보려고 했지만, 결혼식이며 드이모프며 '홈파티'며, 그녀의 모든 과거의 시간이 보잘것없고, 하찮고, 우중충하고, 불필요하고, 아득히 멀리 떨어져 있는 것만 같았다…. 그렇다. 정말로 드이모프가 뭐, 드이모프가 왜, 나랑 드이모프가 무슨 상관인데? 그가 실제로 존재하긴 하는 걸까? 한낱 꿈이 아니었을까?

'그처럼 단순하고 평범한 인간이 그 정도 행복을 이미 누렸으면 과분하지.' 양손으로 얼굴을 감싸며 그녀는 생각했다. '비난할 테면 비난해 봐, 저주할 테면 저주해 보라고. 하지만 그러든 말든

난 갈 데까지 갈 거야. 파멸의 길로 빠져 버릴 테야! … 한번 태어난 인생 다 경험해 보고 가야지. 오, 세상에! 이 얼마나 소름 끼치고도 찬란한가!'

"그럴 거지, 응?" 화가는 그녀를 껴안으며 중얼거렸고, 그를 힘없이 밀어내려는 그녀의 손에 키스를 퍼부었다. "당신도 날 사랑하지? 그렇지? 그런 거지? 오, 이런 밤이 오다니! 기적 같은 밤이야!"

"그래요, 멋진 밤이야!" 눈물 어린 눈으로 그의 눈을 바라보며 그녀가 속삭였다.

그런 다음 재빨리 주위를 둘러보고는 그를 껴안으며 그의 입술에 키스했다.

"키네슈마에 다 와 갑니다!" 갑판 다른 쪽에서 누군가가 말했다.

그들은 묵직한 발소리를 들었다. 간이 식당 웨이터였다.

"웨이터." 올가 이바노브나가 행복에 겨워 웃으며 소리쳤다. "여기 포도주 좀 갖다주세요."

화가는 감정에 겨워 얼굴이 창백해져서는 의자에 앉아 올가 이바노브나를 흠모하고 고마워하는 눈길로 바라보았다. 그러다가 눈을 감고 나른하게 웃으며 말했다.

"피곤하네."

그러더니 뱃전에 머리를 기댔다.

5

구월 둘째 날, 그날은 따뜻하고 바람 한 점 없었지만, 구름이 잔뜩 끼어 있었다. 이른 아침 옅은 물안개가 볼가강에 드리워져 있었고 아홉 시가 지나자 부슬비를 뿌려 대기 시작했다. 날은 영 갤 기미가 보이지 않았다. 랴보프스키는 아침에 차를 마시며 올가 이바노브나에게 푸념하기를 그림만큼 노력에 비해 지지부진하고 지긋지긋한 예술은 없고, 자기는 화가도 아니며, 문외한 눈에나 자기가 재능 있어 보일 뿐이라고 했다. 그러더니 이유도 맥락도 없이 그야말로 느닷없이 칼을 잡아채더니 가장 잘된 습작을 벅벅 찢어 버렸다. 차를 마시고 나서는 수심에 잠겨 창가에 앉아 볼가강만 하염없이 바라보았다. 이제 볼가강은 거무칙칙하고 다채로운 빛을 잃어 단색조로 스산해 보였다. 여길 보나 저길 보나 으슬으슬하고 우울한 가을이 성큼 다가오고 있다는 것을 알 수 있었다. 마치 자연이 볼가강 기슭을 뒤덮은 화사한 초록색 잔디와 강물에 반사되어 반짝이던 찬란한 햇빛과 투명한 강에 어린 파란 하늘, 그리고 장사진을 이루던 흥겨운 축제 분위기를 죄다 벗겨 내어 봄이 올 때까지 보관함에 담아 치워 버리려는 것만 같았다. 그리고 까마귀들은 볼가강 위를 날아다니며 "홀러덩, 홀러덩!"이라고 조롱하듯 울어 댔다.

랴보프스키는 까마귀 울음소리를 들으며, 화가 인생은 이미 끝났고, 재능도 잃었고, 세상만사가 상대적이고 가변적이라다 부질없다고 생각했고, 이 여자와 엮이는 게 아니었다며 후회했다…. 한마디로 웃음기를 잃고 우울감에 빠졌다.

올가 이바노브나는 가림막 뒤에 있는 침대에 앉아 아름다운 황갈색 머리를 손으로 쓸어내리며 자기 집 응접실과 침실을 거쳐 남편 서재로 가는 장면을 떠올려 보았다. 또 극장으로, 양장점으로, 내로라하는 친구들을 보러 가는 상상을 했다. 다들 지금 뭔가 준비하고 있겠지? 내 생각도 했으려나? 이제 계절이 바뀌니 '홈파티'도 기획할 시기였다. 그리고 드이모프? 다정하면서도 칭얼대는 아이처럼 아내더러 집에 빨리 돌아와 달라고 줄기차게 애원의 편지를 보내던 남편 드이모프! 그는 매달 칠십오 루블씩 보내 주었고, 그녀가 화가들에게 백 루블을 빌렸다는 편지를 쓰자 그 돈도 부쳐 주었다. 얼마나 자비롭고 관대한 남자인가! 올가 이바노브나는 여행에 지칠 대로 지쳐 있었다. 따분했다. 시골뜨기들만 안 봐도, 축축한 강 냄새만 안 맡아도 살 것 같았다. 오두막에 살면서, 또 이 마을 저 마을을 떠돌면서 매번 느끼던 불결하다는 기분을 떨치려야 떨칠 수 없었다. 랴보프스키가 화가들에게 구월 이십일까지 함께 머물 생각이라고 못 박지만 않았더라면 다들 그날 당장 해산했을지도 모른다. 그랬더라면 얼마나 좋았겠는가!

"젠장!" 랴보프스키가 투덜거렸다. "해는 대체 언제 나올 생각이야? 해도 없이 화창한 날의 풍경을 나보고 어떻게 그리라는 거냐고…."

"하지만 흐린 날 풍경을 그린 스케치도 있잖아." 올가 이바노브나가 가림막 뒤에서 나오며 말했다. "기억하죠? 오른쪽은 숲 배경이고 왼쪽에는 소 떼랑 오리들을 그려 넣은 거. 그걸 지금 완성하면 되잖아."

"에잇!" 화가가 매섭게 쏘아봤다. "그걸 완성하라니! 내가 뭘 하고 싶은지도 모르는 바보인 줄 알아?"

"변했어, 나한테 어떻게 이래?" 올가 이바노브나가 탄식했다.

"뭐, 잘된 거지!"

올가 이바노브나의 얼굴이 떨렸다. 난로 쪽으로 자리를 옮기더니 울기 시작했다.

"하, 너무하는군. 울다니! 그쳐! 나야말로 울 이유가 천 가지나 되지만 안 운다고."

"천 가지라고?" 올가 이바노브나가 소리쳤다. "가장 큰 이유는 나한테 질린 거겠지!" 그녀는 말하며 흐느꼈다. "솔직히 말해서 당신은 우리 사랑이 부끄러운 거야. 화가들에게 행여 들킬까 봐 늘 조심하잖아. 숨겨 봤자야. 다들 오래전부터 알고 있었다고."

"올가, 한 가지만 부탁할게," 화가가 그의 가슴에 손을 얹으며 애원하듯 말했다. "한 가지만! 날 괴롭히지 좀 마! 그것 말고 당신에게 바라는 건 아무것도 없어!"

"하지만 날 아직도 사랑한다고 맹세해요!"

"사람 피를 말리는군!" 화가가 이 사이로 식식대며 발을 굴렀다. "내가 볼가강에 투신이라도 해야 끝나겠군. 아니면 돌아버리거나. 날 좀 내버려 둬!"

"그래요, 날 죽여, 죽여!" 올가 이바노브나가 소리쳤다. "날 죽이라고!"

그녀는 다시 흐느끼며 가림막 뒤로 갔다. 빗줄기가 오두막의 초가지붕을 사정없이 때려 댔다. 랴보프스키는 머리를 부여잡고 오두막을 쿵쿵 오르락내리락했다. 그런 다음 비장한 얼굴로 마치 누군가에게 뭐라도 내놓고야 말겠다고 결심이라도 한 듯 모자를 쓰고 어깨에 총을 메더니 오두막을 나섰다.

그가 가 버리자 올가 이바노브나는 침대에 누워 한참을 울었다. 처음에는 차라리 독약을 삼켜 볼까도 생각했다. 랴보프스키가 돌아와서 그녀가 죽은 것을 발견한다면 좋을 것 같다는 생각에서였다. 그러다가 어느새 응접실과 남편의 서재로 마음이 옮겨 갔다. 거기서 드이모프 곁에 말없이 앉아 있기만 해도 심신이 평안하고 청결한 기분이 들 것 같은 생각이 들었다. 그리고 저녁이면 극장에 앉아 마지니 오페라를 감상하는 상상을 했다. 교양 넘치는 사회, 시끌벅적한 도시 생활, 명사들과의 조우가 너무 그리워 가슴에 사무쳤다. 아낙네가 오두막에 들어와 식사 준비를 하려고 느긋하게 화로에 불을 붙였다. 숯이 타는 냄새가 나더니 희뿌연 연기가 가득했다. 화가들이 흙 묻은 장화를 신고 얼굴은 비에 젖은 채로 들어와 자기들이 그린 그림을 쓱 훑어보더니 이런 악천후에도 볼가강은 매력적이라며 자위했다. 벽에서는 싸구려 시계가 '똑딱'거렸다. 파리도 추운지 구석에 있는 성상 주변으로 모여들며 윙윙거렸고, 바퀴벌레가 소파 아래 두꺼운 화첩 사이를 요리조리 지나가는 게 보였다….

해가 지자 랴보프스키가 돌아왔다. 그는 식탁에 모자를 휙 내던지고 흙 묻은 부츠를 벗지도 않은 채 피곤한 듯 긴 의자에 앉아 눈을 감았다.

"난 지쳤어…." 그가 눈꺼풀을 치켜들려고 애쓰며 속눈썹을 깜빡거렸다.

올가 이바노브나는 그에게 다정하게 대해 주려고, 자신이 화나지 않았다는 걸 보여 주려고 그에게 다가가 말없이 키스하고 그의 금발 머리를 빗겨 주었다. 그를 위해 빗질해 줄 생각이었다.

"그게 뭐야?" 그가 마치 차가운 뭔가가 자기를 건드리기라도 한 듯 부르르 떨며 말했다. 그러더니 눈을 떴다. "뭔데? 제발 나좀 혼자 있자."

그는 그녀를 밀치고 가 버렸다. 그녀를 향한 눈길에 증오와 짜증이 서려 있는 것만 같았다.

그때 농부 아낙네가 양배추 수프 접시를 양손으로 들고 왔다. 올가 이바노브나는 수프 그릇 안에 아낙네의 통통한 손가락이 빠져 있는 것을 보고 말았다. 배를 내밀고 서 있는 더러운 아낙네, 랴보프스키가 허겁지겁 먹기 시작한 양배추 수프, 오두막, 처음에는 단순하면서도 예술적 무질서가 녹아 있는 것 같아 좋아했던 그들의 삶의 양식들, 이 모든 게 이제는 끔찍하게 다가왔다. 갑자기 모욕감을 느낀 그녀는 차갑게 말했다.

"당분간 헤어져 있는 게 좋겠어요. 안 그러면 지긋지긋해서라도 대판 싸우고 말 거야. 난 정말 질렸어. 오늘 여길 뜰 거야."

"어떻게 가려고? 빗자루라도 타고 가게?"

"오늘은 목요일이라 아홉 시 반에 증기선이 여기로 올 거예요."

"어? 그래, 그래…. 음, 가야지. 그럼…." 랴보프스키는 냅킨 대신 수건으로 입을 닦으며 부드럽게 말했다. "당신은 무료하고 여기선 딱히 할 것도 없어. 그런데도 당신을 여기 계속 붙들어 두려고 한다면 그건 내가 너무 이기적인 거지. 그럼 잘 가고 이십일 이후에나 봐."

올가 이바노브나는 좋은 기분으로 짐을 쌌다. 신이 나서 뺨이 한껏 달아올랐다. 곧 있으면 응접실에서 편지를 쓰고, 침대에서 잠을 자고, 식탁보가 깔린 식탁에서 식사를 한다니 이게 꿈이야 생시야? 마음의 짐에서 벗어나 더는 화가에게 화난 감정도 없었다.

"내 물감과 붓은 여기 두고 갈게요, 랴보프스키." 그녀가 말했다. "남으면 가져와 줘…. 이제 내가 간다고 게으름 피우지 말고. 침울해지지도 말고 작업해요, 작업. 랴보프스키, 당신 뛰어난 화가잖아!"

열 시에 랴보프스키는 그녀에게 작별 키스를 했다. 증기선에서 다른 화가들이 다 보는 데서 입 맞추는 걸 피하고 싶어 그런다고 그녀는 생각했다. 그는 선착장까지 배웅해 줬다. 증기선이 곧 나타나 그녀를 태우고 떠났다.

그녀는 이틀 반 만에 집에 도착했다. 숨이 막힐 정도로 흥분되어 그녀는 모자도 비옷도 벗지 않은 채 응접실로 뛰어 들어간 다음 식당으로 갔다. 드이모프는 조끼 버튼도 채우지 않고 외투도 입지 않은 채 식탁에 앉아 포크로 칼을 갈고 있었다. 앞 접시 위에는 꿩고기가 있었다. 올가 이바노브나는 집에 들어서면서 남편에게는 모든 것을 반드시 숨겨야 하고 힘껏 재주껏 그렇게 할 수 있을 것으로 생각했다. 하지만 지금 그의 부드럽고 행복한 환한 미소와 기뻐서 반짝이는 눈을 보자 이런 남자를 속이는 것은 위증이나 도둑질, 어쩌면 살인과 마찬가지로 야비하고, 혐오스럽고, 가당치도 않고, 도저히 자기 능력으로는 할 수 없는 일이라고 여겨 일어났던 모든 일을 곧바로 그에게 실토하기로 마음먹었다. 그가 키스하고 껴안고 나자, 그녀는 그 앞에서 무릎을 꿇고 얼굴을 묻었다.

　　"왜 그래? 무슨 일이야, 여보?" 그가 부드럽게 물었다. "향수병 났구나?"

　　그녀는 수치심에 달아오른 얼굴을 들고 미안한 마음으로 그를 애절하게 바라보았지만, 두렵기도 하고 수치스러워 도저히 입이 떨어지지 않았다.

　　"아니에요." 그녀가 말했다. "아무것도 아니에요…."

　　"우리 앉자." 그가 그녀를 일으켜 의자에 앉히며 말했다. "그래. 꿩고기 좀 먹어 봐. 무지하게 배고프구나, 우리 불쌍한 여보."

　　그녀는 집안 공기를 흠뻑 들이마시고 꿩고기를 먹었다. 그는 그 모습을 온화하게 바라보며 흐뭇하게 웃었다.

6

겨울 중반에 접어들 무렵에는 확실히 드이모프도 속고 있다고 감을 잡은 것 같았다. 마치 그가 양심에 찔리기라도 한 듯 아내 얼굴을 똑바로 볼 수 없었고, 아내를 봐도 웃음이 안 나왔으며, 둘만 있는 자리를 피하려고 동료 의사 코로스텔레프를 자주 식사 자리에 데려왔다. 주름살 패인 얼굴에 머리를 바짝 깎은 그는 올가 이바노브나와 말할 때면 당황스러운지 계속 리퍼 재킷 단추를 끼웠다 풀었다 하다가 오른손으로는 콧수염 왼쪽을 만지작거렸다. 식사 중에 두 의사는 횡격막 탈장이 간혹 부정맥을 수반한다거나, 최근에 신경통 환자를 많이 접했다거나, 요전 날 드이모프가 악성 빈혈 진단을 받은 시체를 해부했더니 하복부에서 암이 발견됐다는 등 사실에 기반한 이야기를 주로 했다. 의학을 주제로 이야기하면 올가가 대화에 끼어들 필요가, 그러니까 굳이 애써 거짓말을 할 필요가 없으니, 아내를 배려하는 차원에서 그러는 것도 같았다. 식사를 마치고 코로스텔레프는 피아노 앞에 앉았고, 드이모프는 한숨을 쉬며 그에게 말했다.

"어이, 친구. 그래, 좋아! 뭔가 구슬픈 곡으로 부탁하네!"

코로스텔레프는 양어깨를 둥그렇게 구부리고 손가락을 쫙 벌려서 화음을 넣으며 "러시아 농부가 편히 쉴 거처를 내다오"라며 카랑카랑한 테너 목소리로 노래를 부르기 시작했다. 한편, 드이모프는 다시금 한숨을 쉬며 주먹으로 머리를 괴고 생각에 잠겼다.

올가 이바노브나는 요즘 들어 하는 짓마다 경솔하기 짝이 없었다. 아침이면 온몸이 찌뿌둥한 채 일어나 랴보프스키에게 시들해져서 다행이라며 이제 정말 다 끝났다고 생각했다. 하지만 커피를 홀짝거리다 보면 랴보프스키가 그녀에게서 남편마저 앗아 가는 바람에 이제는 랴보프스키는 물론이고 남편마저 마음이 떠나 버렸다는 생각이 들었다. 그러다가 지인들 사이에서 랴보프스키 전시회를 두고 나눴던 얘기가 떠올랐다. 이번 전시에서 뭔가 획기적인, 장르화와 풍경화를 혼합한 폴리에노프 스타일의 작품을 준비 중인데, 그의 스튜디오에서 작품을 본 모든 이들이 찬사를 아끼지 않았다고 했다. 그녀는 속으로 자신이 뮤즈로서 영향을 주었기에 그가 한 단계 도약하여 그런 작품이 나올 수 있었다며 모두 자신의 공으로 돌렸다. 내가 그를 떠나 버리면 내 좋은 기운이 그의 작품에 영향을 미치지 못할 텐데…. 그에게 꼭 필요한 그 기운을 못 받아 그가 파멸의 길로 들어서 버리면 어쩌지. 마지막으로 그를 봤을 때 그는 멜란지 혼방의 그레이트코트에 신상 넥타이를 매고 나타나 축 처진 목소리로 물었다.

"나 멋져 보여?"

우아함이 묻어 나는 긴 곱슬머리에 푸른 눈동자의 그는 정말로 멋졌고(어쩌면 그래 보였는지도 모르지만) 나에게 분명 애정을 품고 있었는데….

올가 이바노브나는 이런저런 생각과 추억에 빠져들다가 불현
듯 옷을 차려입고는 초조함에 못 이겨 랴보프스키의 스튜디오
로 향했다. 그녀는 걷잡을 수 없이 흥분한 상태로 그를 보고, 또
정말로 훌륭한 그의 그림에 매료되고 말았다. 그는 그림을 가운
데 두고 춤을 추고 광대 짓을 하는가 하면 진지한 질문에 농담으
로 응수했다. 올가 이바노브나는 그림에 질투가 난 나머지 그림
을 증오했지만, 예의상 그 앞에서 오 분간 말없이 감상하고는 마
치 성전 앞에서 경배드리듯 깊은숨을 쉬고는 부드럽게 말했다.

"음, 전에는 이런 그림을 한 번도 안 그렸잖아. 이 작품은 정말
탄성을 자아내게 한다는 거 알아?"

그렇게 말하고 나서 그녀는 그에게 자기를 사랑해 달라고, 버
리지 말아 달라고, 절망과 비탄에 빠진 자신을 가엾이 여겨 달라
고 애걸복걸하기 시작했다. 하염없이 눈물을 흘리고, 그의 손에
키스를 퍼붓더니 자기를 사랑한다는 맹세를 해 달라며 생떼를
썼다. 자기가 영감을 주지 못하면 그도 결국 방황하다가 파멸에
이르게 될 거라며 저주도 했다. 그렇게 그의 기분도 다 망치고,
자신도 자괴감이 들면, 뛰쳐나와 단골 양재사를 찾거나 여배우
친구를 찾아가 극장표라도 얻어야 했다.

그가 스튜디오에 없기라도 하면 그녀는 편지를 남겼다. 그날
당장 그녀를 보러 오지 않으면 약을 먹고 죽어 버릴 거라는 내용
이었다. 그는 겁에 질려 그녀를 보러 와서는 점심까지 먹고 갔다.

남편이 있든 없든 랴보프스키는 그녀에게 욕을 해 댔고 그녀도 똑같이 맞받아쳤다. 둘 다 서로를 짐스럽게 느꼈고, 폭군이자 주적으로 여겼기에 격노했고, 격분하다 보니 주변에 뵈는 게 없었다. 자신들의 행동이 예사롭지 않고, 심지어 머리를 바짝 민 코로스텔레프가 보고 있다는 것도 알아채지 못했다. 점심을 먹고 나서 랴보프스키는 서둘러 작별 인사를 하고 나와 버렸다.

"또 어디로 내빼시나?" 올가 이바노브나가 현관 복도에서 증오에 찬 눈길로 그를 보며 빈정거리곤 했다.

그는 오만상을 하고 눈살을 찌푸리며 그녀도 아는 아무 여자 이름이나 댔고, 누가 보더라도 그것은 그녀의 질투심을 유발하고 그녀의 속을 박박 긁어 놓을 속셈이라는 게 분명했다. 그녀는 침대에 몸을 던지고는 질투심과 분노, 모욕감과 수치심으로 뒤범벅이 되어 베개를 물어뜯으며 엉엉 울기 시작했다. 드이모프는 응접실에 코로스텔레프만 두고 침실로 들어와 절박하고 당황스러운 얼굴로 그녀를 살살 달랬다.

"그렇게 크게 울지 마, 여보. 그럴 필요 없잖아. 당신이 조용히 묻어야지. 안 그러면 다들 알게 될 거라고…. 이미 지난 건 지난 거야. 고칠 수 없다는 거 알잖아."

하지만 약이 바짝 오른 그녀는 질투심에서 벗어나는 방법을 몰라 고통 속에 자신을 내몰았고, 아직도 바로잡을 수 있을 거라는 미련을 버리지 못해 눈물로 얼룩진 얼굴을 닦고 화장을 한 다음 그가 말한 여자한테로 서둘러 갔다.

랴보프스키가 그녀와 함께 없다는 걸 확인하고는 다른 여자, 또 다른 여자를 찾아갔다. 처음에는 그렇게 찾아다니는 게 창피했지만, 나중에는 익숙해져서 급기야 어느 날 저녁에는 랴보프스키와 일면식이 있는 여자란 여자는 죄다 찾아다니는 바람에 모두가 알게 되었다.

어느 날 그녀는 랴보프스키에게 남편에 대해 말했다.

"그 남자는 넓은 아량으로 날 짓이기지."

그녀는 이 문구가 무척 마음에 들어서 그녀와 랴보프스키의 불륜을 아는 화가를 만날 때면 팔로 세게 짓누르는 동작을 취하며 남편에 대해 매번 이렇게 말했다.

"그 남자는 넓은 아량으로 날 짓이기지."

그들의 생활 방식은 작년과 다름없었다. 수요일이면 '홈파티'를 했다. 배우가 낭독하고, 화가는 그림을 그렸다. 바이올린 연주자는 연주하고, 가수는 노래 부르고, 열한 시 반이 되면 여지없이 식당 문이 열리고 드이모프가 웃으며 말했다.

"신사분들, 와서 요기 좀 해요."

전과 다름없이 올가 이바노브나는 유명 인사들을 물색하고, 그들을 발굴하고, 또 거기에 만족하지 못하고 새로운 이들을 찾아 나섰다. 전과 다름없이 그녀는 매일 밤늦게 귀가했지만, 이제 드이모프는 작년처럼 자고 있지 않고 서재에 앉아 무슨 연구를 하고 있었다. 세 시나 되어서야 자러 갔고, 여덟 시면 일어났다.

어느 날 저녁 그녀가 극장으로 나갈 준비를 마치고 전신 거울

앞에 서 있는데 정장 차림에 흰 넥타이를 맨 드이모프가 침실로 들어왔다. 그는 한때 그랬던 것처럼 부드럽게 웃으며 아내를 들뜬 얼굴로 바라보았다. 그의 얼굴은 상기되어 있었다.

"내 논문 방어를 마치고 오는 길이야." 그가 앉아서 무릎을 매만지며 말했다.

"방어요?" 올가 이바노브나가 물었다.

"아, 아!" 그가 웃더니, 그녀가 여전히 자신을 등진 채 서서 머리 손질을 하고 있었기에 거울에 비친 아내 얼굴을 보려고 목을 길게 뺐다. "아, 아!" 그가 반복했다. "있잖아, 내게 일반 병리학 부교수직을 제안할 가능성이 매우 커졌어. 아무래도 그럴 것 같아."

한껏 들떠 상기된 그의 표정으로 미루어 보아 올가 이바노브나가 그의 기쁨과 승리감에 호응만 제대로 해 줬더라면 그가 그녀의 모든 것을 용서하고 지금이나 앞으로나 모든 것을 잊었을 거라는 것은 자명했다. 하지만 그녀는 '부교수직'이니 '병리학'이니 하는 말을 이해하지 못했다. 게다가 공연에 늦을까 봐 전전긍긍하며 아무 말도 하지 않았다.

그는 잠시 더 거기 앉아 있다가 씁쓸하게 웃으며 침실을 나갔다.

7

일진이 사나운 날이었다.

드이모프는 머리가 깨질 듯이 아팠다. 아침도 거르고 병원도 결근하고 온종일 서재 소파에 누워만 있었다. 올가 이바노브나는 평소와 다름없이 한낮에 랴보프스키를 보러 갔다. 자신의 정물화 스케치를 보여 주고 요전 날 저녁에 자신을 보러 오지 않은 이유를 물어볼 참이었다. 스케치가 그녀에게 그만큼 중요했다기보다는 그저 화가를 한 번이라도 더 보러 갈 구실을 만들고자 그렸던 것뿐이었다.

벨도 누르지 않고 안으로 들어가 현관 입구에서 덧신을 벗고 있는데, 스튜디오에서 치맛자락이 바스락거리는 소리와 함께 뭔가 후다닥 지나가는 소리가 들렸다. 잽싸게 안을 들여다보니 이젤과 함께 검은 옥양목 천으로 덮어 놓은 큰 그림 뒤로 갈색 페티코트 자락이 순간 사라지는 게 어렴풋이 보였다. 보나 마나 거기에는 여자가 숨어 있겠지. 올가 이바노브나 자신도 얼마나 자주 그림 뒤를 은신처로 삼았던가!

당황한 기색이 역력한 랴보프스키는 그녀를 향해 양손을 뻗었다. 마치 깜짝 방문에 놀랐다는 듯이 억지웃음을 지으며 말했다.

"아! 당신을 또 보다니 정말 좋군! 뭐 좋은 소식이라도 전하게?"

올가 이바노브나의 눈에는 눈물이 고였다. 그녀는 부끄럽고 속이 쓰라렸다. 지금쯤 그림 뒤에 서서 키득거리고 있을 외부인이자 앙숙이자 내연녀 앞에서는 백만 루블을 준대도 말하지 않을 작정이었다.

"스케치를 보여 주려고." 그녀는 입술을 떨며 작고 풀이 죽은 목소리로 말했다. "정물화야."

"아, 아! 스케치?"

화가는 양손으로 스케치를 들고 자세히 들여다보면서 자기도 모르게 발걸음을 다른 방으로 옮겼다.

올가 이바노브나는 그를 순순히 따라갔다.

"정물을 그린 그림… 최고로 치는 그림," 그는 끝말을 맞추며 중얼거렸다. "사탕 발림… 고개 돌림… 얼굴 가림…."

후다닥거리는 발소리와 치마가 바스락대는 소리가 화실 쪽에서 들려왔다.

그리고 그녀는 가 버렸다. 올가 이바노브나는 악이라도 쓰며 뭔가 묵직한 것으로 화가의 머리통을 내리치고 싶었지만, 눈물이 앞을 가려 아무것도 볼 수 없었고, 수치심에 마음은 으스러졌다. 자신이 올가 이바노브나도, 화가도 뭣도 아닌 한낱 꼬물대는 벌레 같았다.

"피곤하군." 화가가 스케치를 보더니 졸려 죽겠다는 듯 고개를 젖히며 나른하게 말했다. "물론 그림은 훌륭해. 하지만 오늘도 스케치, 작년에도 스케치, 다음 달에도 스케치를 가져오겠지…. 스케치에 질리지도 않다니 근성 한번 끝내주는군. 내가 당신이라면 그림은 포기하고 음악이나 다른 것에 매달릴 텐데. 당신은 화가라기보다는 알다시피 음악가야. 그건 그렇고 내가 얼마나 피곤한지 상상도 못 할 거야! 차 좀 가져오라고 할 건데, 마실 거지?"

그는 방을 나갔고 올가 이바노브나는 그가 하인에게 뭔가 주문하는 소리를 들었다. 작별 인사나 해명으로 진을 빼고 싶지 않았고, 무엇보다 속절없이 눈물이라도 터져 나올까 봐 두려워 그녀는 랴보프스키가 돌아올세라 서둘러 현관으로 가서 덧신을 신고 거리로 빠져나왔다. 그런 다음 숨을 편히 내쉬며 랴보프스키로부터, 그림으로부터, 화실에서 가격당한 묵직한 수치심으로부터 영원히 벗어났음을 느꼈다. 모두 끝났다!

그녀는 양장점에 간 다음, 요전 날 왔었던 유망주 바네이를 보러 갔다가, 악기점에 들렀다. 가는 내내 자존감은 지키면서도 냉정하고 잔인한 편지를 랴보프스키에게 써 보낼 궁리만 하다가 봄이나 여름에는 어떻게든 드이모프한테 크림반도로 여행 가자고 설득해서 과거는 훌훌 털고 새 인생 새출발을 해야겠다고 생각했다.

저녁 늦게 집에 돌아오자마자 그녀는 응접실로 들어가 옷을 갈아입지도 않고 그대로 앉아 편지를 쓰기 시작했다. 랴보프스키는 그녀에게 화가 재목이 아니라고 했다. 그대로 갚아 줄 생각으로 그도 해마다 똑같은 것만 그린다, 더 정확히는 허구한 날 똑같은 것만 그린다, 늘 제자리걸음만 할 뿐이다, 이미 보여 준 것 말고는 더는 짜낼 것도 없을 것이다, 라고 썼다. 또한 자신이 그동안 그에게 좋은 영감을 불어넣어 준 걸 늘 감사할 줄 알아야 하며, 그가 잘 안 풀린다면 그건 그날 그림 뒤에 숨어 있던 여자처럼 의심쩍은 사람들로 인해 자신의 기운이 쇠한 탓이라고 쓰고 싶었다.

"여보!" 드이모프가 서재에서 문도 열지 않은 채 불렀다.

"무슨 일이에요?"

"안으로 들어오지 말고 거기 문까지⋯. 그래, 거기 그대로 있어. 아무래도 요전 날 병원에서 디프테리아에 걸렸나 봐. 그리고 지금⋯ 몸이 안 좋아. 서둘러 사람을 보내 코로스텔레프를 불러 줘."

올가 이바노브나는 남편을 부를 때 다른 아는 남자들한테 하듯 늘 성으로만 불렀다. 오시프라는 그의 기독교식 이름이 싫었다. 고골의 〈감찰관〉에 나오는 하인 이름이랑 같은 데다가 그 이름을 딴 우스꽝스러운 말장난이 연상되었기 때문이다. 하지만 지금은 저절로 튀어나왔다.

"오시프, 말도 안 돼요!"

"그를 불러 줘. 기운 없어." 드이모프는 문 뒤에서 말했고, 그녀는 그가 소파로 돌아가 눕는 소리를 들을 수 있었다. "어서!" 그의 목소리가 희미해지고 있었다.

'맙소사!' 올가 이바노브나는 공포심에 한기를 느끼며 생각했다. '뭐야, 위험하잖아!'

아무 이유 없이 그녀는 초를 들고 무작정 침실로 들어가 해야 할 일이 뭔지 다시 생각해 보다가 문득 큰 거울에 비친 자기 모습에 눈길이 갔다. 하얗게 겁에 질린 얼굴, 봉긋 세운 소매가 걸쳐진 어깨, 노란색 자글자글한 주름 장식으로 가린 가슴, 줄 장식이 사방으로 흘러내리는 치마를 보니 스스로가 혐오스럽고 역겹게 느껴졌다. 갑자기 드이모프가 너무 안쓰러워 가슴이 저렸다. 그녀를 향한 끝없는 사랑, 젊은 나이, 심지어 오랫동안 이용하지 않아 방치된 작은 그의 침대. 그녀는 그의 습관적이고 온화하고 온순한 미소를 기억했다. 그녀는 비통하게 울면서 코로스텔레프에게 간절한 편지를 썼다. 새벽 두 시였다.

8

아침 여덟 시에 올가 이바노브나가 통 잠을 자지 못해 몸이 무겁고 머리는 부스스해서 볼품없는 몰골과 미안한 표정이 역력한 얼굴로 침실을 나왔을 때 검은 턱수염이 있는 신사가 그녀를 지나쳐 집 안으로 들어왔다. 약 냄새가 났다. 코로스텔레프는 서재 출입문 근처에서 오른손으로 왼 수염을 꼬며 서 있었다.

"미안하지만, 못 들어갑니다." 그가 올가 이바노브나에게 퉁명스레 말했다. "전염될 수 있소. 게다가 들어가 봤자 소용도 없고. 어쨌거나 정신이 혼미한 상태요."

"그이가 정말 디프테리아에 걸렸어요?" 올가 이바노브나가 숨죽이며 물었다.

"감염 위험이 있는데도 함부로 덤비는 이들은 잡아들여 벌을 쥐야 해." 코로스텔레프는 올가 이바노브나의 질문에는 답하지 않고 중얼거렸다. "어쩌다 감염됐는지 아시오? 화요일에 디프테리아에 걸린 소년의 시험관에서 점액을 빨아들이다 그랬답니다. 대체 왜? 어리석게… 사람이 왜 이리 무모한지…"

"아주 위험한가요?" 올가 이바노브나가 물었다.

"그렇소, 악성이라오. 아무래도 슈레크를 불러야겠소."

긴 코에 키가 작고 머리색이 붉은, 유대인 억양을 쓰는 남자가 찾아왔다. 그런 다음 큰 키에 등이 굽고 머리가 텁수룩한 부제副 祭처럼 보이는 사람이, 그다음엔 붉은 얼굴에 안경을 쓴 땅딸막한 젊은 남자가 왔다. 이들은 교대로 동료의 몸 상태를 살펴보려고 온 의사들이었다. 코로스텔레프는 그의 순번이 끝나도 집에 가지 않고 남아서 찜찜한 기분이라도 든 듯 이 방 저 방을 왔다 갔다 했다. 하녀는 의사가 바뀔 때마다 차를 내오고, 번번이 약제사한테 심부름 가야 해서 집을 정돈할 사람이 없었다. 집에는 음울한 정적만이 감돌았다.

올가 이바노브나는 침실에 앉아 남편을 속인 죄로 신이 자신을 벌주고 있다고 생각했다. 개성이고 의지고 간에 다 온화함에 내주고 친절만 베풀다 쇠약해진 남편, 따지지도 않고 조용하기만 한, 도무지 이해되지 않는 존재, 그런 그가 소파 어디쯤에서 무관심 속에 잊힌 채 고통스러워하고 있었지만, 불평 한마디 내뱉은 적이 없었다. 그가 혼수상태에서라도 넋두리를 늘어놓았더라면, 그의 병상을 지키던 의사들은 그의 고통의 원인이 비단 디프테리아 때문만은 아니라는 것을 눈치채게 되었을 것이다. 그러고는 내막을 모두 알고 있는 코로스텔레프에게 물어보았겠지. 그가 아무 이유도 없이 친구의 아내를 그런 식으로 쳐다보지는 않았을 테니. 그는 마치 드이모프를 사지로 몰고 간 진짜 범인은 그의 아내이며, 디프테리아는 그저 공범일 뿐이라고 말하는 듯한 눈빛으로 그녀를 쏘아보았다. 그녀는 볼가강의 달밤도, 사랑의 언약도, 농부의 오두막에서 보낸 시적인 나날도 이제는 생각하지 않았다. 그녀는 그저 한가로이 변덕이나 부리고, 제멋대로 굴다가 머리부터 발끝까지 뭔가 더럽고 끈적끈적한, 결코 씻어 낼 수도 없는 것이 들러붙어 버렸다고 생각했다.

"내가 얼마나 끔찍한 짓을 한 거야!" 그녀는 랴보프스키와 함께했던 위태위태한 격정의 시간을 떠올리며 생각했다. "벌 받아도 싸지…!"

네 시에 그녀는 코로스텔레프와 저녁을 들었다. 그는 그저 오만상을 찌푸리며 적포도주만 마셔 댈 뿐이었고 음식은 손도 대지 않았다. 그녀도 아무것도 먹지 않았다. 순간 그녀는 속으로 기도하며 드이모프만 회복되면 다시 그를 사랑할 것이며 그에게 충실한 아내가 되겠다고 신에게 맹세했다. 그러다가 잠시 코로스텔레프를 보고 딴생각에 빠져들었다. '어느 모로 보나 별 볼 일 없고 저리 초라하고 개성 없는 사람이니 얼마나 따분할까. 게다가 주름진 얼굴에 매너도 없으니!'

그러다가 그녀는 감염될까 두려워, 한 번도 남편 서재에 가 보지 않은 데 대해 신이 벌을 줄 것만 같았다. 이런저런 생각들로 그녀는 무기력해지고 의기소침해졌으며, 자신의 인생은 망했고 어떤 식으로든 바로잡을 수도 없다는 확신이 들었다….

식사를 마치니 어둠이 찾아왔다. 올가 이바노브나가 응접실에 들어갔더니 머릿밑에 금실로 수놓은 비단 쿠션을 베고 코로스텔레프가 소파에 잠들어 있었다.

"드르렁드르렁." 그는 코를 골았다.

집에 들어와 앉아 있다가 나가는 의사들은 이런 무질서를 눈치채지 못했다. 벽마다 스케치가 걸려 있고 멋들어진 장식물이 있는 응접실에서 낯선 남자가 코를 골며 자고 있고, 안주인은 빗질도 안 하고 단정치 못하단 사실, 이 모든 것이 지금 여기서는 조금도 눈길을 끌지 못했다. 한 의사가 어쩌다 뭔 일인지 웃기라도 하면, 그 소리가 영 낯설고 측은하리만치 의기소침하게 들렸다.

올가 이바노브나가 다시 응접실로 들어왔을 때 코로스텔레프는 자지 않고 앉아서 담배를 피우고 있었다.

"비강에도 디프테리아가 전염됐소." 그가 낮은 소리로 말했다. "그리고 심장도 이제 제대로 작동하지 않고. 증세가 심상치 않소."

"하지만 슈레크를 부르면 되겠죠?" 올가 이바노브나가 말했다.

"벌써 왔다 갔소. 디프테리아가 비강으로 전염되었다는 것을 발견한 사람도 그 사람이오. 슈레크라고 뾰족한 수가 있겠소? 이제 와서 슈레크가 뭔 소용이란 말이오. 그는 슈레크고, 나는 코로스텔레프고, 그뿐이오."

시간은 무서우리만치 느리게 흘러갔다. 올가 이바노브나는 옷을 그대로 입은 채 침대에 누웠다. 온종일 잠시도 누워 있지 못한 터라 이내 잠 속으로 빠져들었다. 꿈에서는 집 전체가 바닥부터 천장까지 거대한 쇳덩어리로 채워져 있었고, 저 쇳덩어리만 치울 수 있다면 그들 모두 가벼운 마음으로 행복하게 살 것만 같았다. 잠에서 깬 그녀는 자신을 짓누르고 있는 것은 쇳덩어리가 아니라 드이모프의 병이었다는 것을 깨달았다.

'정물 그림, 사탕 발림…' 그녀는 다시 망각으로 빠져들며 생각했다. '고개 돌림… 얼굴 가림… 그럼 슈레크는? 슈레크… 레이크… 케이크… 그리고 내 친구들은 어디 있지? 그들은 우리가 곤경에 처한 걸 알려나? 신이여, 구하소서. 자비를 베푸소서! 슈레크… 레이크…'

그리고 다시 쇳덩이가… 거기 있었다. 시간은 천천히 흐르는 듯했지만, 아래층 시계는 꼬박꼬박 종을 쳤다. 의사들이 속속 도착하며 벨을 계속 울려 댔다. 하녀가 쟁반에 빈 잔을 들고 들어와 물었다. "잠자리를 봐 드릴까요, 마님?" 그리고 답이 없자 가 버렸다.

아래층 시계가 정각을 알리는 소리를 냈다. 꿈에서 볼가강에 비가 오고 있었다. 그리고 다시 누군가가 그녀의 침실로 들어왔고 그녀는 그가 낯선 사람이라고 생각했다. 올가 이바노브나는 벌떡 일어났고, 코로스텔레프라는 것을 알아보았다.

"몇 시에요?" 그녀가 물었다.

"세 시쯤."

"그런데, 무슨 일이죠?"

"저, 사실은⋯ 그가 죽어 가고 있다고 알려 주러 왔소⋯."

그는 흐느끼며, 그녀 옆에, 침대에 앉아, 소매로 눈물을 닦았다. 그녀는 바로 알아들을 수 없었지만 오싹해지며 천천히 성호를 긋기 시작했다.

"그가 죽어 가고 있소." 그는 새된 소리로 다시 한번 말하면서 흐느꼈다. "자신을 희생했기에 죽어 가는 거요. 과학계의 별이 지다니!" 그가 비통하게 말했다. "우리와 그를 비교해 보시오. 그는 보통 사람이 아니요, 특출난 위인이란 말이오! 비범한 재능을 펼쳐 보였지! 다들 그에게 희망을 내걸었는데!" 코로스텔레프가 손을 쥐어짜며 계속했다. "자비로운 신이시여, 그는 과학계의 인재입니다. 다시는 그런 인재를 보지 못할 겁니다. 오시프 드이모프, 대체 뭔 짓을 한 거야. 아, 아, 신이여!"

코로스텔레프는 절망에 빠져 양손으로 얼굴을 감싸고 머리를 부르르 떨었다.

"또, 도덕군자가 따로 없었지." 그는 누군가에게 점점 화가 치민다는 듯이 말을 이어 갔다. "범인이라면 어떻게 그러겠어. 순수하고 선하고, 포용력 있는 정신으로나 버티지. 그는 수정처럼 맑고 투명한 사람이었소. 과학에 한 몸 바치다가 과학을 위해 죽고, 소처럼 밤낮으로 일했지만, 아무도 그를 아끼지 않았지. 청

춘을 바치고 학업에 매진한 걸로도 모자라… 낮에는 진료 보랴, 밤에는 번역 일까지 해 가며 고작 빌어먹을 이런… 천 조각이나 사다 바치려고!"

코로스텔레프는 증오에 찬 눈으로 올가 이바노브나를 보더니 두 손으로 침대보를 낚아채 마치 침대보 잘못이기라도 하다는 듯 성을 내며 북북 찢었다.

"그는 자기 몸을 사리지 않았소. 그리고 남들은 그를 아끼지 않았어. 아, 말해 봤자 입만 아프지!"

"그래, 그는 보기 드문 인재였지." 응접실에서 낮은 목소리가 응수했다.

올가 이바노브나는 그와 함께한 모든 생활을 처음부터 끝까지 하나부터 열까지 떠올렸다. 그리고 갑자기 그가 정말로 특출나고, 보기 드물고, 그녀가 아는 다른 모든 사람과 비교해 봐도 범상치 않다는 게 이해가 됐다. 그리고 이제 와서 돌아가신 아버지와 다른 모든 의사가 그를 어떻게 대했는지 기억해 보니 그들이 정말로 그에게 큰 기대를 걸고 있었다는 것을 깨달았다. 벽과 천장, 램프, 바닥의 카펫 할 것 없이 그녀에게 냉소적인 눈짓을 보내며, '넌 눈뜬장님이야, 넌 눈뜬장님이야!'라고 말하는 것 같았다. 윙윙거리는 소리와 함께 그녀는 침실에서 빠져나와 응접실의 모르는 사람을 밀치고 남편 서재로 달려갔다. 그는 소파에서 미동도 없이 누워 있었고 허리까지 퀼트 이불을 덮고 있었다. 그의 얼굴은 무서울 정도로 홀쭉하니 움푹 꺼져 있었고, 얼굴색은 살아생전 보지 못한 누리끼리한 색이었다. 이마에만, 검은 눈썹과 익숙한 웃음에만 드이모프의 모습이 남아 있었다. 올가 이바노브나는 급히 그의 가슴, 그의 이마, 그의 손을 느꼈다. 가슴은 여전히 따뜻했지만, 이마와 손은 기분 나쁠 정도로 찼고, 반쯤 뜬 눈은 올가 이바노브나가 아닌 퀼트 이불에 시선이 머물러 있었다.

"드이모프!" 그녀는 크게 불렀다. "드이모프!" 그녀는 그에게 해명하고 싶었다. 그것은 실수였다고, 모든 것을 놓친 건 아니며, 인생은 여전히 아름답고 행복할 수도 있다고, 그가 특출나고, 드물고, 위대한 사람이라고, 그리고 그녀가 앞으로 그를 평생 숭배하고, 그 앞에 경의와 경외심을 표하며 고개 숙일 거라고….

"드이모프!" 그녀는 그의 어깨를 두드리며 그를 불렀다. 그가 다시는 깨어나지 못한다는 게 믿기지 않았다. "드이모프, 드이모프!"

응접실에서 코로스텔레프가 하녀에게 말하고 있었다.

"뭘 계속 묻나? 교회지기한테 가서 그들이 어디 사는지 알아보라니까. 그들이 몸을 씻기고 안치하고 필요한 건 모두 다 할걸세."

연극 대본

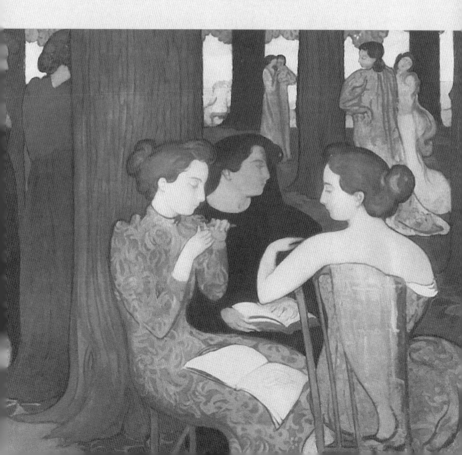

"파벨 바실예비치, 어떤 숙녀분이 주인님을 찾으십니다." 루카가 알렸다. "벌써 한 시간째 기다리고 계십니다…"

파벨 바실예비치는 이제 막 점심 식사를 마쳤다. 숙녀분이라는 말에 그는 얼굴을 찡그리며 말했다.

"젠장! 바쁘다고 전해 주게."

"이미 다섯 차례나 오셨어요, 파벨 바실예비치. 주인님을 꼭 봬야 한답니다…. 울기 일보 직전이에요."

"흠… 그래, 알겠네. 서재로 들이게."

파벨 바실예비치는 서두르지 않은 채 외투를 걸치고는 한 손에는 펜을, 다른 손에는 책을 들고 매우 바쁜 것처럼 보이려 애쓰면서 서재로 들어갔다. 거기서 방문객이 그를 기다리고 있었다. 붉고 다부진 얼굴에 덩치가 크고 살집이 있는 안경 쓴 여자였다. 지체 높은 출신 같아 보였고, 옷차림(넉 단이나 되는 페티

코트에 붉은 새 한 마리를 비단실로 수놓은 챙 높은 모자를 쓰고 있었다.) 도 사교계에서나 어울릴 법했다. 그를 보자마자 그녀는 눈을 치켜뜨더니 애원하듯이 양손을 모아 접었다.

"저 기억 안 나시죠? 당연해요." 그녀가 매우 흥분한 듯 높은 테너 톤으로 말문을 열었다. "저는… 저는 흐루츠키 댁에서 뵌 적이 있어요…. 저는 무라쉬킨 부인이랍니다…."

"아… 아… 아… 흠… 앉으세요! 그런데 무슨 일로 오셨나요?"

"저… 저요…, 제… 제가…." 여자는 앉더니 한층 더 흥분한 듯 말을 이어 갔다. "저를 기억 못 하시지만… 저는 무라쉬킨 부인이에요…. 있잖아요, 전 작가님의 글솜씨에 탄복하고, 매번 작가님 기사를 챙겨 보며 즐거움을 느낀답니다…. 아첨이나 떤다고 생각하지 말아 주세요. 아첨이라니 말도 안 돼요! 응당 탄복할 만하니까 하는 거예요…. 저는 늘 작가님 글을 챙겨 읽어요… 항상요! 저도 어느 정도 문학에 문외한은 아니에요. 그러니까요, 물론… 제가 감히 저를 작가로 소개할 깜냥은 안 되지만… 그래도 제 활동을 좀 덧붙여 보자면… 저는 아이들을 위한 동화 세 편을 드문드문 출간했어요…. 물론 읽어 보지 않으셨겠지만… 번역도 꽤 했고요…. 제 작고한 오빠는 《대의大義》지에 글을 기고하곤 했답니다."

"그러시군요. … 에에… 음… 저… 저한테는 무슨 볼일로?"

"있잖아요(여자가 눈을 떨구더니 얼굴을 붉혔다.). 저는 작가님이 재능을… 알아보는 눈이 있으시다는 것을 알아요. 파벨 바실예비치, 저는 작가님 의견이 정말 궁금해요. 더 정확하게는… 작가님께 조언을 구하고 싶어요. 솔직히 말할게요. 제가 그만 겁도 없이 희곡을 한 편 써 버렸어요. 제가 낳은 첫째죠. … 표현이 좀 그렇죠? 그리고 검열관에게 보내기 전에 가장 먼저 제 작품에 대한 작가님의 고견을 듣고 싶어요."

여자는 마치 갇힌 새가 퍼덕거리듯이 초조하게 치마를 들척거리더니 두툼한 대본 하나를 꺼냈다.

파벨 바실예비치는 자신이 쓴 글 말고는 어떤 글도 좋아하지 않았다. 어쩔 수 없이 남의 글을 읽거나 들어야만 할 때면 대포의 포구와 마주하고 있는 것 같은 공포심이 들었다. 대본을 보고는 흠칫 놀라 잽싸게 말했다.

"좋아요…. 두고 가세요…. 읽어 볼게요."

"파벨 바실예비치," 여자가 애원하듯이 두 손을 맞잡고 들어 올리며 애달프게 말했다. "바쁘신 거 알아요…. 작가님의 일분일초가 소중하다는 거 다 압니다. 지금, 이 순간도 속으로 저를 욕하시겠죠…. 하지만, 호의를 베풀어 제가 작가님께 이 글을 낭독하도록 해 주세요…. 친절을 베풀어 주세요!"

"기꺼이 그래야겠죠…." 파벨 바실예비치가 머뭇거리며 말했다. "하지만 부인, 저는… 저는 매우 바빠요…. 저는… 저는 지금 나가 봐야 합니다."

"파벨 바실예비치," 여자가 구슬프게 말했고, 눈에는 눈물이 가득했다. "시간을 할애해 주십사 여쭙는 거예요. 제가 무례하고 작가님께 훼방이나 놓고 있지만, 아량을 베풀어 주세요. 저는 내일이면 카잔으로 떠나요. 그래서 꼭 오늘 작가님의 견해를 듣고 싶어요. 삼십 분만이라도 제게 시간을 내어 주세요…, 딱 삼십 분이요…. 이렇게 부탁할게요!"

파벨 바실예비치는 속마음이 솜뭉치처럼 약해 빠져서 거절할 수가 없었다. 그 여자가 금방이라도 눈물을 떨어뜨리며 무릎을 꿇을 것처럼 보였기에 그는 당황해서 어쩔 줄 몰라 힘없이 중얼거렸다.

"좋아요. 물론이죠…. 들어 보죠…. 삼십 분은 내 봐야죠."

여자는 신나서 탄성을 지르더니 모자를 벗고는 자리를 잡고 앉아 읽기 시작했다. 첫 장면은 하인과 하녀가 등장해 호화스러운 응접실을 치우면서 그들의 젊은 안주인 안나 세르게예브나가 마을에 학교와 병원을 건립한 일 등을 장황하게 이야기하는 데서 시작되었다. 하인이 방을 나가자, 하녀가 홀로 '교육은 빛이고 무지는 어둠이다.'라는 취지로 읊조린다. 그런 다음 무라쉬킨 부인은 다시 하인을 응접실로 소환해 장군인 바깥주인에 관한 긴 독백을 하도록 유도했다. 딸의 교육관이 못마땅한 장군은 아무것도 모르는 무지한 사람이야말로 구원받을 수 있다고 주장하며 딸을 부유한 귀족 출신 비서관과 결혼시키려 한다. 그러고 나서 하인들이 무대를 떠나고 젊은 여인이 홀로 나타나 관객에게 방백으로 그녀가 밤새 잠도 못 자고, 가난한 교사의 아들이자 병든 아버지를 헌신적으로 돌보는 효자 발렌틴 이바노비치 생각으로 가득 차 있다고 알려 준다. 발렌틴은 온갖 학문에 매진해 왔으나, 우정이나 사랑을 믿지 않는다. 그는 인생의 목표가 없고 죽음을 갈망한다. 따라서 젊은 숙녀가 나서서 그를 구해야만 한다.

파벨 바실예비치는 들으면서 소파 생각이 정말 간절했다. 그는 여자를 악의적으로 훑어보았다. 남자 같은 테너 톤의 목소리가 그의 고막을 마구 치고 있는 것만 같았고, 아무것도 이해되지 않고 오직 이런 생각만 들었다.

'악마가 보냈나 봐…. 마치 나더러 그녀의 헛소리를 직접 들어 보라는 것처럼! 그녀가 희곡을 쓴 게 내 잘못은 아니라고, 안 그래? 원 세상에! 많이도 썼네! 형벌이 따로 없군!'

파벨 바실예비치는 아내의 초상화가 걸린 벽을 바라보다가 아내가 장식 끈 다섯 마, 치즈 500그램, 그리고 치약을 좀 사서 여름 별장으로 가져와 달라고 부탁했던 게 기억났다.

'설마 장식 본을 잃어버린 건 아니겠지?' 그는 생각했다. '어디 뒀더라? 청재킷에 뒀던 것 같은데…. 망할 파리들이 아내 초상화에 진을 치고 앉아 똥을 싸 대고 있잖아. 올가한테 액자 유리 좀 닦으라고 해야겠어…. 12장을 읽고 있으니 곧 1막이 끝날 거야. 이런 무더위에 저런 산채만 한 몸집으로 영감을 받는다는 게 어디 가당키나 해! 희곡을 쓰니 시원한 초절임 고기나 먹고 지하실에서 자는 게 나을 뻔했어…'

"독백 부분이 너무 긴가요?" 여자가 갑자기 고개를 들더니 물었다.

파벨 바실예비치는 독백을 듣고 있지 않았다. 그는 여자가 아니라 자신이 그 독백을 쓰기라도 한 것처럼 다 자기 잘못이라는 듯한 목소리로 말했다.

"아니, 아니요. 전혀요. 매우 좋아요…."

여자는 좋아서 환한 얼굴로 계속 읽었다.

안나 당신은 분석만 하느라 몸을 축내고 있어요. 심장이 움직이는 대로 살아가는 것을 일찌감치 관두고, 지식에만 의존하고 있어요.

발렌틴 심장이 움직이는 대로 살다니 무슨 말이에요? 그건 해부학적 개념이라고요. 감정이라고 부르는 것에 대한 통상적 용어로서 심장을 대신하는 것이라면 전 받아들이지 않겠어요.

안나 (어리둥절하며) 그럼 사랑은요? 분명 사랑은 관념들과 연계된 산물이 아닐 텐데요? 솔직히 말해 봐요, 사랑해 본 적은 있어요?

발렌틴 (괴로워하며) 우리 아직 아물지 않은 옛 상처는 건드리지 말아요. (침묵) 당신 생각은 어떤데요?

안나 난 당신이 불행해 보여요.

16장을 읽는 동안 파벨 바실예비치는 하품을 하다가 그만 개들이 파리 잡다가 이빨 부딪치는 듯한 소리를 내고 말았다. 그는 그런 꼴사나운 소리에 당황해서 몹시 집중하다가 나오는 반응인 척했다.

'17장이라니! 언제 끝나냐고?' 그는 생각했다. '아, 맙소사! 이

고문이 십 분 더 연장된다면 난 경찰을 부르겠어. 이루 말할 수 없이 고통스럽다고.'

하지만 여자는 더 큰 소리로 더 빨리 읽기 시작하더니 마침내 목소리를 높여 "막이 내린다."라고 했다.

파벨 바실예비치가 희미하게 한숨을 내뱉으며 일어나려던 찰나, 여자가 재빠르게 대본을 넘기며 계속 읽었다.

2막. 마을 거리. 오른쪽에는 학교가, 왼쪽에는 병원이 보인다. 병원 계단에 마을 주민들이 앉아 있다.

"실례지만," 파벨 바실예비치가 끼어들었다. "총 몇 막으로 구성되었죠?"

"5막이요." 여자가 즉시 대답하더니 마치 청중이 자리를 뜨기라도 할까 봐 재빨리 이어서 읽기 시작했다.

발렌틴이 교실 창밖을 바라보고 있다. 밖에서는 마을 사람들이 짐을 여관으로 옮기고 있다.

사형 선고를 받고 형 집행 정지마저 글렀음을 직감한 죄수처럼 파벨 바실예비치는 극이 곧 끝나리라는 기대와 희망을 모두 접었다. 그저 눈 안 감고 집중하는 표정을 어떻게든 유지하느라 애쓸 따름이었다…. 여자가 낭독을 마치고 떠난다는 게 너무 아득한 미래에 벌어질 일 같아서 모두 체념하고 말았다.

"트루우—투—투—투…."여자의 목소리가 그의 귓전에 울렸다. "트루—투—투…. 쉬쉬쉬쉬…."

'탄산수 마시는 것을 깜빡했어.' 그가 생각했다. '무슨 생각을 하고 있었더라? 아, 그렇지 탄산수…. 아무래도 토할 것만 같아…. 참 이상하단 말이야. 스미르노프스키는 온종일 보드카를 마셔 대는 데도 토한 적이 한 번도 없다던데…. 창가에 새가 앉았잖아…. 참새네….'

파벨 바실예비치는 감기는 눈꺼풀을 어떻게든 떠 보려고 안간힘을 썼고, 입을 벌리지 않고 하품하면서 무라쉬킨 부인을 째려보았다. 그녀는 그의 눈앞에서 뿌옇게 흐려지고 흔들리더니, 세모로 변했다가 어느새 머리가 천장에 눌어붙었다….

발렌틴 아니, 떠나게 해 줘요.

안나 (당황하며) 왜요?

발렌틴 (방백) 얼굴이 하얗게 질렸군! (그녀에게) 설명하라고 강요하지 마요. 조만간 당신이 이유를 알기도 전에 난 죽을 테요.

안나 (잠시 침묵한 뒤) 그렇게 가 버릴 수는 없어….

여자는 부풀기 시작했고, 점점 더 거대하게 부풀어 오르더니 서재의 텁텁한 공기로 녹아들었다. 오직 보이는 거라고는 움직이는 입뿐이었다. 그런 다음 그녀는 갑자기 병 크기로 줄어들더니 양옆으로 흔들거리다가 식탁과 더불어 서재 끝까지 물러났다….

발렌틴 (양팔로 안나를 껴안으며) 당신이 나에게 새로운 인생을 주었어요! 내게 살아갈 목적을 보여 줬어요! 봄비가 잠든 땅을 깨우듯이 나를 새로 태어나게 했어요! 하지만… 늦었어요, 너무 늦어 버렸어! 내 심장을 갉아먹는 병은 치료할 수가 없어요….

파벨 바실예비치는 움찔하더니 침침하고 욱신거리는 눈으로 대본을 읽고 있는 여자를 빤히 바라보았다. 그는 아무것도 이해할 수 없다는 듯이 일 분가량 그대로 바라만 보았다….

11장. 배경 동일. 남작, 경찰관이 부하들과 등장.

발렌틴 나를 데려가요!
안나 난 그의 여자예요! 나도 데려가요! 그래, 나도 데려가요! 난 그를 사랑해요. 내 목숨보다 그를 사랑한다고요!
남작 안나 세르게예브나, 그러면 당신 아버지만 몰락한다는 것을 잊고 있군요….

여자는 다시 부풀어 오르기 시작했다…. 파벨 바실예비치는 주변을 험상궂게 둘러보며 일어나서 괴성을 지르더니, 탁자에서 묵직한 문진을 낚아채, 제정신이 아닌 듯, 온 힘을 다해 여류 작가의 머리를 내리쳤다….

"와서 체포하라고 해. 저 여자를 내가 죽였어!" 그가 잠시 후 달려온 하녀에게 말했다.

배심원들은 그에게 무죄 평결을 내렸다.

베로치카

이반 알렉세예이치 오그네프는 덜커덕 유리문을 열고 베란다로 나갔던 팔월 그날의 저녁이 기억에 생생하다. 그날 그는 가벼운 망토를 걸치고 있었고, 지금은 긴 장화와 함께 침대 밑에 먼지 쌓인 채 처박혀 있던 챙이 넓은 밀짚모자를 쓰고 있다. 한 손에는 책과 공책을 끈으로 묶은 책 꾸러미를 들고, 다른 한 손에는 묵직하고 울퉁불퉁한 지팡이를 짚고 있다.

유리문 뒤에는 집주인 쿠즈네초프가 길을 밝혀 주려고 등을 들고 서 있다. 대머리에 턱수염이 희끗희끗한 노인은 눈처럼 하얀 피케 재킷을 입고 있었다. 노인이 다정하게 웃으며 고개를 끄덕였다.

"안녕히 계세요, 어르신!" 오그네프가 말했다.

쿠즈네초프는 등을 작은 탁자에 두고 베란다로 나갔다. 길쭉한 두 개의 그림자가 화단으로 향하는 계단을 내려오다가 앞뒤로 흔들리더니 라임 나무 줄기에 머리를 기댔다.

"안녕히 계세요. 그리고 다시 한번 고맙습니다, 어르신!" 이반 알렉세예이치가 말했다. "반겨 주시고, 친절하고 따뜻하게 대해 주셔서 고마워요… 어르신의 환대는 평생 잊지 못할 겁니다. 정말 좋으신 분이에요. 따님도 너무 좋고요. 여기 계신 모든 분들이 정말 친절하고, 유쾌하고, 다정하네요… 너무 멋진 사람들이라 제 느낌을 어떻게 표현해야 할지 모르겠습니다!"

감정이 벅차오른 데다 방금 마신 집에서 담근 포도주에 취해 오그네프는 신학생처럼 찬송하는 듯한 목소리로 말했고, 감동을 말로만 표현하기에는 모자라다는 듯 눈을 깜빡이고 어깨마저 들썩였다. 쿠즈네초프도 술을 거나하게 마신 탓에 마음이 동했는지 머리를 기울여 젊은이에게 입을 맞췄다.

"그동안 반려견이라도 된 것처럼 어르신 뒤만 졸졸 따라다녔네요." 오그네프가 말을 이어 갔다. "날마다 출근하다시피 했죠. 자고 간 것만 해도 열 번은 넘을걸요. 그동안 여기서 마신 담금주의 양을 생각하면 제 몸을 담그고도 남겠죠. 무엇보다 어르신의 협조와 도움에 감사드려요. 어르신이 아니었다면 여기서 시월까지 통계 보고서 마무리하느라 눈코 뜰 새 없이 바빴을 겁니다. 저는 보고서 서문에다 이렇게 쓸 작정입니다. 'N 지역구 자치회 쿠즈네초프 의장의 친절한 협조에 감사를 표하지 않을 수 없습니다.'라고요. 통계 자료는 향후 빛을 발할 겁니다! 베라 가브릴로브나에게도 심심한 경의를 표합니다. 그리고 박사님들, 변호사님들, 자치회 비서분께도 노고를 잊지 않을 거라고 전해 주세요! 이제 마지막으로 한 번 더 껴안고 작별 인사를 하렵니다!"

오그네프는 감정을 주체하지 못하고 노인에게 다시 한번 입을 맞추고 계단을 내려가기 시작했다. 마지막 계단에서 그는 뒤를 돌아보며 물었다. "우리가 언젠가 다시 만날 수 있을까요?"

"그야 모르지!" 노인이 말했다. "아마 어렵지 않겠어?"

"네, 그러겠죠! 어르신이 페테르부르크로 오실 리도 없을 테고, 저도 이 동네에서 볼일을 마쳤으니까요. 그럼 안녕히 계세요!"

"책은 두고 가는 편이 낫지 않나?" 쿠즈네초프가 뒤에서 그를 불렀다. "들고 가려면 무게가 상당할 텐데. 내일 사람을 시켜서 보내 주겠네!"

하지만 오그네프는 빠르게 집에서 걸어 나오느라 듣고 있지 않았다. 술기운에 한껏 달아오른 터라 유쾌하고 따뜻하면서도 애잔한 마음이 한데 뒤섞여 차올랐다. 좋은 사람들을 만날 기회가 얼마나 자주 있는지, 이들을 만난대도 추억 말고는 남는 게 없다니 얼마나 안타까운 일인지, 이런저런 생각을 하며 걸었다. 가끔은 지평선 너머로 어렴풋이 왜가리 떼를 보고, 바람결에 실려 오는 구슬프고 아련한 새 울음소리를 듣지만, 조금만 지나면 드높은 푸른 하늘을 아무리 살펴보아도 점 하나 보이지 않고, 찍 소리도 들리지 않는다. 마찬가지로 사람들 얼굴과 그들의 말들은 모두 우리 인생에서 눈 깜짝할 새에 사라져 버리고 모두 과거가 되어 추억 속에 희미한 흔적 외에는 아무것도 남지 않게 마련이다. 이반 알렉세예이치는 올봄 초부터 N 지역구에 머무르면서 친절한 쿠즈네초프 댁을 매일 제집처럼 드나들다 보니, 집주인과 딸, 하인들마저 그를 가족으로 받아 줄 정도였다. 아늑한 베란다, 구불구불한 가로수길, 부엌과 욕실 너머로 어른거리는 나무들의 실루엣, 세세한 것 하나하나까지 모두 그에게 익숙했다. 하지만 출입문을 나서자마자 이 모든 것이 추억으로 변하고 실재로서의 의미는 사라질 것이며, 한두 해 지나다 보면 이 모든 사랑스러운 이미지가 그가 읽었던 이야기들, 그가 상상한 장면들처럼 그의 의식 속에서 흐릿해질 것이다.

"인생에서 사람들만큼 귀한 것은 없어!" 오그네프는 출구로 가는 가로수길을 따라 뚜벅뚜벅 걸으면서 감정에 취해 생각했다. "없고말고!"

정원은 따뜻하고 고요했다. 꽃밭에서는 아직 지지 않은 목서꽃, 담배꽃, 헬리오트로프꽃 향기가 났다. 덤불과 나무줄기 사이사이마다 달빛을 속속들이 흡수한 고운 안개로 채워져 있었다. 유령처럼 보이는 나선형 안개가 천천히, 하지만 충분히 인지할 만큼 가까이서 가로수길을 건너 하나둘 따라오던 장면이 오그네프의 뇌리에서 좀처럼 떠나지 않았다. 달은 정원 위로 높이 떴고, 아래에는 투명한 물방울들이 동쪽으로 떠다니고 있었다. 온 세상이 그저 검은 실루엣과 방황하는 하얀 그림자로 이루어진 것만 같았다. 난생처음 팔월 달밤의 안개를 본 오그네프는 보고 있

는 장면이 자연현상이 아니라 무대효과가 아닐지 상상했다. 서
투른 무대 기술자가 덤불숲 뒤에서 정원을 환한 불꽃으로 밝히
려던 게 그만, 희뿌연 연기까지 딸려 보낸 게 아닌가 싶었다.

오그네프가 정원 출입문에 도착했을 때 낮은 울타리에서 웬
검은 그림자가 그를 향해 다가오고 있었다.

"베라 가브릴로브나!" 그가 기뻐서 말했다. "여태 여기 있었
던 거예요? 작별 인사를 하려고 여기저기 그렇게나 찾아다녔는
데…. 잘 있어요, 전 지금 떠나요!"

"이렇게 일찍이요? 어, 열한 시밖에 안 됐는데요."

"네, 가야죠. 여기서부터 족히 육 킬로미터는 걸어야 하고, 도
착해서 짐도 싸야 하거든요. 내일 아침 일찍 일어나야 해서요."

오그네프 앞에는 쿠즈네초프의 딸 베라가 서 있었다. 다소 우
울해 보이고 아무렇게나 옷을 걸쳐도 매력적인 스물한 살 처녀
였다. 몽상가에다 종일 누워서 눈길 가는 대로 골라잡은 책을
느긋하게 읽으며 시간이나 때우는 이런 무료하고 우수에 잠긴
처녀들은 대개 옷차림에 신경 쓰지 않는다. 아름다움에 대한 취
향과 본능을 자연스레 타고난 이들은 오히려 무신경하다는 데
서 더욱 매력을 발산한다. 오그네프가 나중에 어여쁜 베로치카
를 생각할 때마다 떠오르는 것들이 있었다. 허리 부근에 구김이
심하게 가 있지만 허리 윤곽은 드러나지 않는 풍덩한 블라우스,
높이 묶었지만 한 가닥이 꼭 삐져나와 이마에 걸쳐진 곱슬머리,
가장자리에 솜 방울 장식이 달린 털실로 짠 붉은색 숄. 이 숄은

저녁이면 바람 없는 날에 축 처진 깃발처럼 베라의 어깨 위에 쓸쓸히 걸쳐져 있다가, 낮이 되면 중절모를 포개 둔 복도나 늙은 고양이가 아무렇지 않게 올라가 자곤 하는 부엌에 놓인 수납함 위에 구깃구깃 팽개쳐져 있었다. 이 숄이나 블라우스의 구김을 보고 있으면 절로 자유롭고 느긋한 기분이 들며 집 같은 편안함과 따뜻함이 전달되는 것만 같았다. 그건 아마 오그네프가 베라를 매력적으로 여겼기에 입고 있는 옷의 주름 장식과 단추 하나하나까지 따뜻하고 순수하고 편안하게 보였는지도 모른다. 또 어쩌면 타고난 미적 감각이라고는 없는 차갑고 위선적인 여성들에게서는 찾아볼 수 없는 멋스럽고 시적인 면을 그녀에게서 보았는지도 모른다.

베로치카는 균형 잡힌 몸매, 정돈된 이목구비, 그리고 아름다운 곱슬머리가 돋보였다. 평생 여자라고는 만나 본 적이 없다시피 한 오그네프 눈에는 그녀가 미인으로 보였다.

"전 이제 갑니다." 그가 정원 출입문에서 그녀를 떠나보내며 말했다. "저에 대한 나쁜 기억은 죄다 잊어요! 모두 다 고마워요."

오그네프는 그녀의 아버지 앞에서 했던 것처럼 신학생 목소리로, 눈을 반짝이고 어깨를 들썩이며 베라의 환대와 친절, 다정함에 감사를 표하기 시작했다.

"어머니께 부치는 편지마다 당신 얘기를 썼어요." 그가 말했다. "사람들 모두가 당신과 당신 아버지 같다면 얼마나 살 만한 세상이 될까요? 당신네 사람들은 정말 훌륭한 사람들이에요! 꾸밈이나 허식 없이 진실하고 다정한 사람들."

"지금 어디로 가시는 거예요?" 베라가 물었다.

"지금 오를욜에 있는 어머니 댁으로 가요. 거기서 이 주 정도 어머니와 지낸 다음 페테르부르크로 돌아가서 일해야죠."

"그러고 나서는요?"

"그러고 나서요? 겨우내 일하다 봄에는 자료 수집하러 다시 지방을 돌아야죠. 음, 천년만년 행복하게 살아요… 제가 뭔가를 잘못했더라도 다 잊고요. 다시는 서로 못 보겠죠."

오그네프는 허리를 굽혀 베라의 손에 입을 맞췄다. 그런 다음 정숙한 마음으로 망토를 여미고 좀 더 편하게 책더미를 옮겨 든 다음 잠시 멈췄다가 입을 열었다.

"안개 한번 자욱하네요!"

"그러게요. 뭐 두고 간 거 없어요?"

"네, 없는 것 같은데…."

오그네프는 잠시 조용히 서 있다가 어설프게 정원 출구로 발걸음을 옮기며 정원을 나갔다.

"잠시만요, 숲까지 바래다줄게요." 베라가 그를 따라나서며 말했다.

그들은 그 길을 따라 걸었다. 이제 나무들이 시야를 가리지 않아서 하늘도 거리도 한눈에 들어왔다. 모든 자연이 마치 베일에 싸인 듯 무색투명한 연무에 가려져 있었고 가려진 틈새로 자연의 아름다움이 더욱 화려해 보였다. 하얀 안개가 점점 짙어지더니 돌멩이, 나무줄기, 덤불 주변에 어지러이 쌓여 있다가 땅에 바짝 붙어 길 위를 회오리처럼 떠도는 게, 마치 풍경을 가리지 않으려 애쓰는 것처럼 보였다. 그래서인지 연무가 가로막고 있어도 숲까지 뻗은 먼 길은 물론, 길 양편에 있는 컴컴한 도랑과 거기에 뿌리 내려 떠도는 안개 조각을 붙잡는 덤불까지도 전부 보였다. 정원 출구를 벗어나 1킬로미터가량 지나온 지점에서 쿠즈네초프네 숲의 컴컴한 일부가 모습을 드러냈다.

'왜 나를 따라오는 거지? 그럼 내가 다시 바래다줘야 하는 거잖아.' 오그네프는 그런 생각을 하면서도 그녀의 옆모습을 보고 다정한 미소를 지으며 말했다. "날씨가 이렇게 좋은데 떠나고 싶은 사람은 없을 거예요. 달도 있고 고요하고 여러모로 꽤 낭만적인 밤이네요. 베라 가브릴로브나, 그거 알아요? 이제 내 나이도 스물아홉인데 지금껏 연애 한번 제대로 못 해 봤어요. 내 생전에 연애 경험담이라고는 하나도 없다고요. 밀회 장소니, '탄식의 거리'니, 키스니 이런 것들도 다 어디서 주워들어 아는 거죠. 어디 모자라 보이죠? 도시에서는 건물 안에 앉아만 있느라 그런 기분 몰랐는데, 여기서 신선한 공기를 마시고 있자니 빈자리가 느껴지네요…. 이렇게 억울할 수가!"

"왜 그런 거예요?"

"나도 모르겠어요. 시간이 없었든지, 아니면 여자를 만나 본 적이 없었든지…. 사실 아는 사람도 별로 없고, 어딜 나다니지도 않아서."

젊은 남녀는 삼백 보 정도 그저 말없이 걷기만 했다. 오그네프는 모자를 쓰지 않은 베로치카의 머리와 숄을 힐끗힐끗 보다 보니 불현듯 지난 봄날과 여름날의 기억이 새록새록 떠올랐다. 그때는 그가 칙칙한 페테르부르크 숙소에서 벗어나 머나먼 지방에서 친절한 사람들의 따뜻한 환대, 자연, 그가 좋아하는 일에 푹 빠져서 해가 지고 나면 여명이 밝아 온다는 것도, 새들이 차례로, 처음에는 지빠귀가, 그다음에는 메추라기가, 그러고 나면 뜸부기가 노래를 멈추며 여름의 끝을 예고한다는 것도 미처 알지 못했다. 시간이 부지불식간에 흘러가 버려 인생이 행복하고 편했던 것인지도 모른다. 그는 장소나 사람들이 바뀌는 데 익숙하지도 않고 잘 적응하지도 못하기에 사월 말에 N 자치구에 올 때만 해도 얼마나 오기 싫은 기분이었는지 생생히 기억하고 있었다. 마을 분위기가 황량하고, 외롭고, 그가 현재 학문 가운데서 최고로 치는 통계학에도 보나 마나 무관심할 거라 예상했다. 사월의 아침 N 구의 작은 읍내에 도착해서 그는 구교도 랴부힌이 운영하는 여인숙에 묵었다. 하루 숙박비 20코페이카에 실내에서는 금연이란 조건으로 내준 환하고 깨끗한 방이었다. 짐을 풀면서 자치구 의장이 누군지 알아본 다음 그는 바로 쿠즈네초프의 집으로 발걸음을 옮겼다. 5킬로미터가량을 수풀이 무성한 초지와 푸릇푸릇한 숲을 지나쳐서 걸어가야 했다. 가는 동안 종달새가 구름 속을 맴돌며 은구슬 같은 노랫소리로 공기를 채우고 있었고, 갈까마귀는 옥수수밭 위에서 조용히 점잖게 날개를 펄럭이고 있었다.

'이런 세상에!' 오그네프는 그 당시 놀라며 생각했다. '여기 공기는 항상 이렇게 향긋한가? 아니면 내가 온 걸 환영하며 오늘만 이런 향기를 내뿜는 건가?'

그는 철저히 사무적인 반응을 예상하며 소심하게 슬쩍 올려다보거나 어쭙잖게 턱수염을 잡아당기며 쿠즈네초프의 집으로 쭈뼛쭈뼛 들어갔다. 처음에 쿠즈네초프는 웬 젊은이가 통계 자료를 들고 나타나자, 지방 자치회를 운영하는 데 그런 게 당최 왜 필요한지 도통 이해할 수 없다는 듯 눈썹을 찌푸렸다. 하지만 젊은이가 통계에 필요한 자료가 뭐고, 그런 자료를 어떻게 수집하는지 상세히 설명하자, 그제야 쿠즈네초프는 반색하며 아이 같은 호기심으로 그의 공책들을 들춰 보기 시작했다. 바로 그날 저녁 이반 알렉세예이치는 어느새 쿠즈네초프네 저녁 식탁에 함께 둘러앉았다. 독한 담금주를 대접받고 금세 취해 취기 어린 눈으로 새로운 이웃의 평온한 얼굴과 느긋한 동작을 보다 보니 달콤하고 나른한 기운이 온몸에 퍼져 자꾸만 졸리고, 몸이 축 늘어지며, 웃음이 비실비실 삐져나왔다. 한편, 새로운 이웃은 선량한 눈으로 그를 바라보며 그에게 부모는 살아 계시는지, 한 달에 얼마를 버는지, 극장에는 얼마나 자주 가는지… 등을 물었다.

오그네프는 동네를 여기저기 돌아다니고, 소풍과 낚시 파티를 즐기고, 마르파 수녀원장을 뵈러 다 같이 수녀원에 방문했을 때 수녀원장이 방문객 한 명 한 명에게 손수 구슬 지갑을 선물한 일이 떠올랐다. 또 한번 달아오르기 시작하면 쉬이 끝나지 않는 전형적인 러시아 사람들의 논쟁도 생각났다. 편이 갈리고, 침을 튀기며, 주먹으로 탁자를 내리치고, 서로를 오해하고, 끼어들고, 어쩌다 보니 자기가 했던 말과 전부 반대되는 논리를 펴고, 끝없이 주제를 바꾸고, 그렇게 두세 시간 동안 논쟁한 다음 웃으면서 "우리가 뭣 때문에 이렇게 열을 낸 거야! 애초에 뭔 얘기로 시작했다가 여기까지 온 건지, 나 원 참!"이라고 말하던 것이 떠올랐다.

"박사와 당신과 내가 쉬스토보까지 마차 타고 갔던 거 생각나요?" 이반 알렉세예이치가 숲에 다다를 무렵 베라에게 물었다. "미친 성인을 본 게 거기였잖아요? 내가 오 코페이카를 줬더니 그가 성호를 세 번 긋고 나서 호밀밭에 그 돈을 던져 버렸죠. 세상에나! 이 많은 기억을 안고 떠납니다. 그 기억을 한데 뭉쳐 보면 골드바 한 개는 너끈히 나올 텐데요! 전 왜 똑똑하고 지각 있는 사람들이 여기로 안 오고 페테르부르크나 모스크바로 모여드는지 이해가 안 가요. 행여 네브스키와 축축한 다가구 주택에 여기보다 진실과 자유가 많을까 봐서요? 예술가, 과학자, 언론인들이 가구로 들어찬 좁아터진 방에 한데 모여 산다는 것 자체가 전혀 좋을 게 없다고 봐요."

숲에서 이십 보 떨어진 그 길에는 모퉁이에 말뚝이 박혀 있는 작고 좁은 다리가 가로질러 있었다. 쿠즈네초프와 방문객들이 저녁에 산책 나왔다가 늘 쉬어 가던 장소였다. 거기서 내키면 숲을 향해 소리쳐 메아리를 일으켜 보기도 하고, 발밑으로 난 길이 어두운 숲으로 사라지기까지 눈으로 좇기도 했다.

"어, 다리 있는 데까지 왔네요!" 오그네프가 말했다. "여기서 돌아가야죠."

베라는 멈추더니 한숨을 쉬었다.

"잠깐 앉아 봐요." 그녀가 말뚝 중 하나에 앉으며 말했다. "사람들이 새로운 여정을 시작하기 전에 대개 여기 앉아서 작별 인사를 하더라고요."

오그네프는 그녀 옆자리에 책 꾸러미를 놓고 그 위에 앉았다. 그녀는 걸어서인지 숨을 헐떡였고, 이반 알렉세예이치가 아닌 먼 곳 어딘가를 응시하고 있었기에 그는 그녀의 얼굴을 볼 수가 없었다.

"한 십 년쯤 후에 우리가 다시 만난다면 어떨까요?" 그가 말했다. "그때 우리는 뭘 하며 살고 있을까요? 그때가 되면 당신은 한 가정의 훌륭한 어머니가 되어 있을 테고, 나는 아무짝에도 쓸 모없는 사만 권이나 되는 그런 방대한 통계 자료를 작성하는 저자가 되어 있겠죠? 만나서 옛 추억에 젖어 드는 거예요… 지금 은 우리가 현재를 의식하고 현재에 몰입되어 흥분하지만, 나중 에 다시 만나면 이 다리에서 마지막으로 서로를 본 날이, 아니 그달이, 심지어 그해가 언제였는지 기억조차 못 할 거예요. 당신 도 아마 변해 있겠죠… 말해 봐요. 어떻게 달라질 것 같아요?"

베라는 움찔하며 그를 향해 얼굴을 돌렸다.

"네?" 그녀가 물었다.

"방금 물어봤던 거요…."

"미안해요, 무슨 말을 했는지 못 들었어요."

그제야 오그네프는 베라의 변화를 눈치챘다. 그녀는 해쓱하고, 호흡이 가빠지고, 그래서인지 손과 입술, 머리까지 떨고 있었고, 머리카락도 평소와 달리 한 가닥이 아닌 두 가닥이나 삐져나와 이마로 떨어져 있었다…. 확실히 그녀는 그의 얼굴을 똑바로 보지 못했고, 감정을 어떻게든 숨기려는 것 같았다. 목에 줄질하듯 옷깃을 만지작거리는가 하면, 어느새 손을 바꿔 한쪽 어깨에 있던 숄을 다른 쪽 어깨까지 끌어당기고 있었다.

"감기 들까 걱정이네요." 오그네프가 말했다. "축축한 데 앉다니 생각이 짧았어요. 집까지 바래다줄게요."

베라가 묵묵히 앉아 있었다.

"무슨 일이죠?" 오그네프가 웃으며 물었다. "아무 말 없이 앉아서 제 질문에는 대꾸도 안 하고요. 혹시 화났어요? 아니면 몸이 안 좋아요?"

베라는 얼굴에 대고 있던 손을 밀어 오그네프 쪽에 가깝게 얼굴을 붙이더니 이내 손을 홱 치웠다.

"제 처지가 참 딱해요!" 그녀는 고통스러운 표정으로 중얼거렸다. "끔찍하다고요."

"얼마나 끔찍한데요?" 오그네프가 어깨를 으쓱하며 놀란 감정을 숨기지 않고 물었다. "무슨 일인데요?"

여전히 가쁜 숨을 쉬며 어깨를 씰룩거리던 베라는 그를 등지
더니 하늘을 한 번 쳐다본 다음 말을 이어 갔다.

"드릴 말씀이 있어요, 이반 알렉세예이치…."

"듣고 있어요."

"이상하게 들릴지도 몰라요…. 아마 놀라겠죠. 하지만 상관없
어요…."

오그네프는 어깨를 다시 한번 으쓱하고 들을 준비를 했다.

"있잖아요…." 베로치카가 고개를 숙이더니 숄 가장자리 구슬
장식을 만지작거리며 입을 열었다. "있잖아요…. 제가 하고 싶은
말은…. 이상하게… 그리고 바보처럼 들리겠지만…. 더는 못 참
겠어요."

그렇지 않아도 뭐라 웅얼거리는지 알아들을 수 없었던 베라의
말은 갑작스러운 눈물로 뚝 끊겼다. 베라는 손수건으로 얼굴을
가리고 고개를 더 떨구더니 엉엉 울었다. 이반 알렉세예이치는
당황해서 헛기침을 하고, 무슨 말을, 어떤 행동을 해야 할지 몰
라 맥없이 주변만 두리번거렸다. 우는 장면이 낯설었던 그는 자
신의 눈시울도 화끈거리기 시작한다는 것을 느꼈다.

"아, 저런!" 그가 속수무책으로 중얼거렸다. "베라 가브릴로브
나, 왜 울어요? 내가 알아야 할 일이에요? 아가씨… 어디 아파
요? 아니면 누가 불쾌하게 했나요? 말해 봐요. 어쩌면 내가… 그
러니까 당신을… 도울 수도 있잖아요…."

그녀를 위로하려고 애쓰며 그가 용기 내어 얼굴을 가리고 있

던 그녀의 양손을 조심스럽게 떼어 내자, 그녀가 눈물이 그득한 채 그에게 미소 지으며 말했다.

"전… 당신을 사랑해요!"

보통 사람의 언어로 발설한 지극히 단순하고 평범한 말이었지만, 너무도 당황한 오그네프는 베라를 피해 고개를 돌리며 일어났고, 혼란스럽다 못해 이젠 두렵기까지 했다.

작별과 취기로 인해 올라온 슬프고 훈훈하고 감성적인 감정이 찬물 끼얹듯 사라지고, 대신 어색함에서 오는 예민하고 불편한 기분이 그 빈자리를 채웠다. 그는 속으로 불쾌한 마음이 들어 베라를 흘겨보았다. 그를 향해 사랑을 고백해 버리면서 그녀는 여성을 한층 매력적으로 돋보이게 하는 도도함도 벗어던졌고, 그러자 그에게는 그녀가 더 작고, 더 못나고, 더 평범해 보였다.

'무슨 말을 하는 거지?' 그가 두려움에 휩싸여 생각했다. '하지만 나는… 나도? 그녀를 사랑하냐 아니냐, 그것이 문제로다!'

그녀는 이제 가장 힘들고 어려운 말을 내뱉은지라 맘을 내려놓고 한층 편히 숨을 쉬고 있었다. 그녀는 일어나서 이반 알렉세예이치의 얼굴을 똑바로 들여다보며 빠르고 다정하고 허심탄회하게 말하기 시작했다.

대참사가 닥치면 돌연 공포에 질린 사람이 그 뒤에 무슨 소리가 연달아 나든 하나도 기억나지 않듯이 오그네프도 베라가 그다음에 무슨 말을 했는지 기억나지 않는다. 그는 그저 그녀가 했던 말의 의미와 그녀의 말들이 그에게 불러오는 파장을 기억해 낼 수 있을 뿐이었다. 그는 흥분하여 거칠고 목이 쉰 것 같던 그녀의 목소리를, 열정적인 노래를 부르는 것 같던 그녀의 억양을 기억한다. 속눈썹에는 반짝거리는 눈물방울을 달고 울다 웃기를 반복하다가 그녀는 입을 열어 다음과 같은 말들을 쏟아 냈다. 그를 알게 된 첫날부터 그의 독창성과 지성미, 다정하면서도 지적인 눈동자, 일과 인생의 목표에 모두 반해 버렸다, 그를 열정적으로 깊이 미치도록 사랑했다, 여름에 정원에서 집으로 들어오는 길에 복도에서 그의 망토를 보거나 멀리서 그의 목소리가 들리면 행복해서 심장이 다 떨렸다, 심지어 그의 시답잖은 농담에도 비실비실 웃음이 나왔다, 그의 공책에 빽빽이 기록된 숫자들에서 뭔가 비범한 지혜와 웅장함을 보았다, 그의 울퉁불퉁한 지팡이마저 그 어느 나무보다 더 아름다워 보였다.

잡목림과 안개 기둥, 그리고 길 양옆의 검은 도랑은 그녀가 무슨 말을 하는지 숨죽여 듣고 있는 것 같았다. 한편, 오그네프의 마음에는 영 이상하고 불쾌한 기분이 스쳐 지나갔다…. 그에게 자신의 사랑을 고백하고 있는 베라는 마법을 부린 듯 아름다웠다. 그녀는 똑 부러지게 열정을 담아 고백하고 있었지만, 응당 기분이 좋을 법도 한 그는 그 어떤 즐거움이나 기쁨도 못 느꼈다. 자신 때문에 착한 아가씨가 낙담하게 될까 봐 그저 안타깝고 미안했을 뿐, 동정심 말고는 그 어떤 감정도 느끼지 못했다. 허구한 날 읽은 내용을 일반화하거나 살아가는 데 종종 방해가 되기도 하는, 그러니까 객관적으로만 사물을 보는 훈련을 익히

해 온 탓인지는 몰라도 베라의 환희와 고통이 도무지 진지하게 생각되지 않고 가장하고 있는 것만 같았다. 동시에 반발심도 스멀스멀 올라왔다. 그러니까 지금 그가 듣고 보는 것이야말로 본성과 개인의 행복이라는 관점에서 볼 때 한낱 통계나 책, 진리보다도 중요한 게 아닐까…. 그는 정확히 어느 부분에서 잘못했는지도 모르면서 자신에게 화가 났고 자책했다.

거북한 상황을 종결짓기 위해서는 도대체 무슨 말을 해야 하는지 감을 못 잡았지만, 어찌 되었든 무슨 말이라도 해야 했다. 다짜고짜 "난 당신을 사랑하지 않아요."라고 딱 잘라 말하는 것은 그의 역량 밖이었고, 그렇다고 "저도요."라고 할 수도 없었다. 아무리 그의 마음을 샅샅이 헤집어 본들 그 안에서 불꽃 튀는 감정 같은 것은 전혀 찾을 수 없었기 때문이다….

그는 잠자코 있었다. 한편, 그녀는 그를 보는 것보다 더 큰 행복은 없으니, 그의 아내이자 조력자가 되어 이 순간 그가 원하는 어디든 따라갈 것이며, 그가 그녀를 두고 떠나 버린다면 비참해 죽을 것이라고 했다.

"여기서 못 살겠어요!" 그녀가 손을 비틀어 꼬면서 말했다. "난 이 집도, 이 숲도, 이 공기도 넌더리가 나요. 언제나 변함없이 태평하고, 삶이 이렇다 할 목적도 없이 흘러가는 게 참기 어려워요. 물에 물 탄 듯, 술에 술 탄 듯 자기만의 색깔도 없고 생기도 없는 사람들을 견딜 수 없어요! 모두 좋고 따뜻한 사람들이죠. 먹을 게 풍족하니 힘들게 애쓴다는 게 뭔지, 고생이 뭔지도 모르는 사람들이니까요…. 일에 지치고 필요한 것을 채우느라 고생하는 사람들이 모여 사는 그런 크고 축축한 집에서 살아 보고 싶어요….”

이 말 역시 오그네프에게는 꾸며 낸 말처럼 들렸고, 진지하게 받아들일 말은 아닌 것 같았다. 베라가 말을 마쳤지만, 그는 여전히 뭐라 말해야 할지 몰랐다. 그렇다고 계속 입을 다물고 있을 수만은 없는 노릇이었기에 운을 뗐다.

“베라 가브릴로브나, 그렇게 말해 주니 정말 고마워요. 제가 딱히 한 것도 없이 정말 과분하게도… 감정을 나한테… 표해 주다니 감사합니다. 그건 그렇고, 제가 솔직한 사람이기에… 이 말을 해야겠어요…. 행복은 평등함에 좌우되죠. 그러니까 양측이… 똑같이 사랑해야….”

하지만 그는 중언부언하는 자신이 너무 부끄러워서 곧바로 말을 멈췄다. 그 순간 자신이 어리석고, 떳떳하지 못하고, 꺼병해 보였고, 일부러 꾸며 낸 얼굴 같았다…. 베라가 갑자기 심각한 표정으로 얼굴이 하얗게 질려서 고개 숙인 것을 보면 그녀는 그가 하려던 말이 무엇인지 그의 얼굴에서 읽은 게 분명했다.

“나를 용서해야만 해요.” 오그네프가 침묵을 참을 수 없어 중얼거렸다. “난 당신을 정말로 존중합니다…. 그래서 마음 아프지만….”

베라가 갑자기 발걸음을 돌리더니 집 쪽으로 빠르게 걸어갔다. 오그네프가 그녀를 따라갔다.

“아니, 그러지 말아요!” 베라가 손을 가로저으며 말했다. “따라

오지 마세요. 혼자 갈 수 있어요."

"아, 네…. 그래도 바래다줘야죠."

오그네프는 무슨 말을 하건, 마지막까지 역겹고 뻔한 말만 내뱉는 기분이었다. 걸음걸이마다 죄책감은 커져만 갔다. 그는 속으로 화가 나서 주먹을 불끈 쥐었으며, 여자한테 그토록 차갑고 어리석게 군 자신을 저주했다. 그는 자신의 무딘 감성을 흔들어 볼 요량으로 베로치카의 아름다운 얼굴과 머리, 흙길에 난 그녀의 작은 발자국을 물끄러미 바라보았다. 그녀가 했던 말과 눈물을 떠올려도 보았지만, 마음이 훈훈해지긴 해도 맥박이 뛰지는 않았다.

'암! 사랑을 강요할 수는 없지.' 그가 장담하면서 동시에 이런 생각도 들었다. '하지만 강요 없이 내가 정녕 사랑에 빠질 수 있기는 할까? 난 곧 서른이라고! 이제껏 베라 만큼 멋진 여자를 만나 본 적도 없고 앞으로도 없을 것 같은데…. 아, 너무 일찍 늙어 버렸어! 나이 서른에 인생 다 살았군!'

베라는 뒤돌아보지도, 고개를 들지도 않은 채 앞서 나갔고, 발걸음도 점점 빨라졌다. 그가 보기에는 그녀가 실연으로 더욱더 말라 보이고 어깨가 좁아진 것만 같았다.

'지금 어떤 마음일지 상상이 가!' 그가 그녀의 등을 보며 생각했다. '수치와 굴욕감에 죽고만 싶겠지! 세상에, 사랑하는 마음은 생명과 시와 의미로 가득 차 있어 돌마저 움직일 정도인데, 그에 반해 난… 난 정말 인생 헛살았어!'

정원 출입문에서 베라는 그를 슬쩍 한번 보고는 어깨를 으쓱해서 숄로 감싼 다음 가로수 길로 빠르게 걸어가 버렸다.

이반 알렉세예이치는 홀로 남겨졌다. 숲으로 돌아가는 그의 발걸음은 늘어졌고, 마치 자신의 기억을 도저히 믿기 어렵다고 온몸으로 보여 주듯 툭하면 멈춰 서서 출입문 쪽을 돌아보았다. 그는 흙길에 난 베라의 발자국을 눈으로 더듬어 보면서 그토록 그의 마음을 끌었던 아가씨가 그에게 바로 전에 사랑을 고백했고, 그가 배려라고는 없이 단칼에 '거절했다'니 도무지 믿을 수 없었다. 생전 처음으로 인간이 자신의 의지대로 하는 건 별로 없다는 것을 경험으로 알게 되었다. 또 점잖고 다정한 사람이라도 자신의 의지와는 상관없이 이웃에게 잔인하고 부당한 고통을 주고 말았을 때 그 심경이 어떤지도 몸소 겪어 보았다.

그는 양심의 가책을 느꼈다. 베라가 사라지자, 그는 뭔가 귀중한 것을, 다시는 되찾을 수 없는 무척 가깝고도 아끼는 뭔가를 놓쳐 버렸다는 기분이 들었다. 베라와 더불어 그의 젊은 시절의 한 축도 그에게서 빠져나갔고, 그렇게 결실 없이 흘려보낸 순간들도 다시는 반복되지 않으리라는 느낌이 들었다.

다리에 다다르자 그는 걸음을 멈추고 생각에 잠겼다. 왜 그리 이상스러울 정도로 차갑게 굴었을까. 확실히 원인은 외부가 아닌 그의 내면에서 찾아야 했다. 솔직히 인정해서 그건 영민한 이들이 왕왕 뽐내는 지적인 냉철함 같은 것도 아니었고, 그렇다고 자기만 잘난 줄 아는 바보들의 냉소 같은 것도 아니었다. 그건 그저 영혼이 메마르고, 아름다운 것을 봐도 무감각하고, 배운 건 많아서 일찍 철들고, 관계를 깊이 맺으려 하지 않고, 생계유지하는 데만 급급하고, 정착하지 못하고 하숙집을 전전하며 살아온 탓이었다. 그는 마지못해 숲속으로 발걸음을 천천히 옮겼다. 짙은 어둠이 깔린 가운데 달빛 조각이 군데군데 반짝이는 여기 숲속에서 오롯이 자기 생각에 빠져들다 보니 잃어버렸던 것을 되찾고 싶다는 마음이 더욱 간절해졌다.

그리고 이반 알렉세예이치는 다시 돌아갔던 게 기억난다. 추억을 되짚어 보라고 독려하면서, 베라의 얼굴을 떠올려 보라고 스스로 다그치면서 그는 정원을 향해 성큼성큼 바삐 발걸음을 옮겼다. 어느새 길 주변이고 정원이고 간에 안개가 걷히고, 막 세수를 마친 듯한 환한 달이 하늘 저 멀리서 아래를 내려다보고 있었다. 단지 동쪽 하늘만 어둡고 희미했다…. 오그네프는 조심스럽게 내딛던 발걸음을, 어두운 유리창을, 헬리오트로프꽃과 목서초의 짙은 향을 기억했다. 그의 옛 친구 카로가 반가워서 꼬리를 흔들며 다가와 그의 손에 킁킁댔다. 오직 카로만이 그가 집 주변을 두세 번 돈 다음, 베라의 불 꺼진 유리창 아래 서서 깊은 한숨을 쉬며 손을 한 번 흔들고서 정원을 빠져나간 것을 유일하게 목격했다.

한 시간이 지나서야 그는 지치고 탈진한 몸으로 읍내에 도착했다. 여관 문을 두드리며 상기된 얼굴과 무거운 몸뚱이를 여관 문기둥에 기댔다. 마을 어디선가 개가 졸린 소리로 짖었고, 그의 노크 소리에 대답이라도 하듯 누군가 교회 인근의 철판을 치며 시간이 늦었음을 알렸다.

"밤거리를 헤매고 다녔구먼." 여자 옷처럼 긴 나이트가운을 입은 구교도 주인이 문을 열어 주며 투덜거렸다. "그럴 시간에 기도를 드렸어야지."

이반 알렉세예이치는 방에 들어가자마자 침대가 꺼질 듯이 주저앉더니 한참이나 불빛을 응시했다. 그런 다음 머리를 쳐들고 짐을 싸기 시작했다.

미인들

1

중고등학교 5학년인가 6학년 때의 일로 기억한다. 할아버지랑 마차를 타고 돈강 유역의 볼쇼이 크레프코이 마을에서 로스토프나도우까지 간 적이 있다. 팔월의 무덥고 맥 빠지는 따분한 날이었다. 열기와 먼지구름을 몰고 온 건조하고 뜨거운 바람에 눈꺼풀은 서로 달라붙고, 입은 바짝바짝 타들어 갔다. 구경이고, 대화고, 생각이고, 만사 귀찮기만 했다. 꾸벅꾸벅 졸던 소러시아* 출신 마부 카르포가 말에 채찍을 휘두르다 그만 내 모자를 철썩 내리쳤을 때도 나는 따지거나 외마디 소리도 내지 않았고, 그저

* 소러시아: 1차 세계 대전 전까지 우크라이나와 벨라루스 일부, 그리고 폴란드 동부를 일컫는 명칭으로, 20세기에는 우크라이나를 비하하고 소련의 영토였음을 강조하려는 의도로 쓰임.

졸다가 정신을 차리고는 먼지 이는 풍경 사이로 마을이 보이는지 힘없이 바라보기만 했다. 우리는 말들에게 여물을 먹이려고 할아버지가 아는 부유한 아르메니아인이 거주하는 제법 큰 아르메니아 마을에 마차를 세웠다. 할아버지의 지인은 내가 여태껏 만화에서 본 인물들보다 더 익살맞아 보였다. 면도하다시피 바짝 민 머리에 두툼한 눈썹이 돌출되어 있고, 매부리코 아래는 길고 허연 콧수염이 받치고 있고, 쩍 벌어진 입에서는 기다란 벚나무 담뱃대가 삐져나와 있었다. 작은 머리가 비스듬히 굽은 뼈대에 어설프게 붙어 있고, 짧은 붉은색 재킷에 밝은 파란색 긴바지 같은 화려한 복장이 뼈대를 감싸고 있었다. 이 만화 같은 인물은 다리를 벌린 채 슬리퍼를 질질 끌며 걸었고, 담뱃대를 입에 문채 말을 했으며, 웃음기 없이 눈을 부리부리하게 뜨고는 있었지만, 손님들을 크게 주시하지 않으려고 애쓰는 게 영락없는 아르메니아인이었다.

아르메니아인의 집에는 바람도 먼지도 없었지만, 나무 하나 없는 대초원인 스텝 지대나 먼지 가득한 바깥 거리만큼이나 불쾌하고, 답답하고, 따분했다. 더위에 지치고 먼지투성이가 된 나는 녹색 상자 귀퉁이에 앉았던 걸로 기억한다. 페인트칠이 되지 않은 나무 벽과 가구, 뻔득거리는 황토색 바닥에서는 햇볕에 달궈진 마른 장작 냄새가 났다. 어딜 보더라도 파리, 파리, 그놈의 파리가 어김없이 앉아 있었다. 할아버지와 아르메니아인은 방목이니, 비료니, 귀리니… 하는 얘기들을 주고받았다. 보아

하니 찻주전자 물을 데우는 데만 족히 한 시간은 걸릴 것이고, 두 분이 차 마신다고 또 한 시간은 앉아 있을 테고, 그러고는 할아버지가 좀 쉬겠다고 두세 시간은 낮잠을 주무실 테니…. 그렇다면 나는 하루의 반에 반은 여기서 죽치고 시간이나 때우다가 다시 그 후텁지근하고 먼지 그득한 덜컹거리는 마차를 타게 되겠지. 웅얼거리는 두 사람의 목소리를 듣고 있자니 이 아르메니아인을, 자기 그릇으로 가득한 찬장을, 파리를, 타오르는 태양이 내리쬐는 창문을 아주 예전부터 쭉 봐 왔던 것만 같고, 또 앞으로 그만큼의 세월이 흘러야 그만 보게 될 것 같은 기분이 들었다. 그러다 보니 스텝 지대, 태양, 파리… 이 모든 게 진저리 나도록 싫어졌다.

머릿수건을 두른 소러시아 아낙네가 찻잔이 든 쟁반을 가져온 다음 찻주전자를 들고 왔다. 아르메니아인은 천천히 복도로 나가더니 소리쳤다. "마시야, 와서 차 좀 따라라! 마시야, 어디 간 거냐?"

허둥대는 발소리가 들리더니 무명 앞치마를 입고 하얀 머릿수건을 두른 열여섯 살 정도로 보이는 소녀가 방으로 들어왔다. 찻잔을 씻고 차를 따르는 내내 나한테 등을 보이고 서 있어서 내가 본 것은 그녀가 호리호리하고 맨발이라는 것, 작은 발뒤꿈치가 긴 바지에 가려져 있다는 것 정도였다.

아르메니아인은 내게도 와서 차를 좀 들라고 했다. 그래서 식탁에 앉아 찻잔을 건네는 소녀를 힐끔 보았는데, 그 순간 마치 바람이 내 영혼으로 불어 와 먼지 자욱하고 따분했던 그날의 텁텁한 분위기를 한 방에 날려 버리는 것만 같았다. 현실에서는 물론이고 꿈속에서 지금껏 보았던 여자 중에서도 단연코 가장 예뻤고, 얼굴 여기저기에 넋을 잃게 하는 매력을 갖추고 있었다. 내 앞에는 미인이 서 있었다. 번개를 처음 봐도 번개라는 걸 딱 알아보듯이 난 첫눈에 미인을 딱 알아보았다.

나는 마샤가, 그녀 아버지의 발음대로라면 마시야가, 진짜 미인이라고 맹세할 준비가 되어 있었지만, 입증할 방법은 도통 모르겠다. 가끔 그럴 때가 있다. 지평선을 따라 어지럽게 모여 있는 구름과 그 뒤에 숨어 있던 태양이 구름에 갖은 색을 입혀 하늘을 적색, 오렌지색, 황금색, 라일락색, 인디언 핑크색으로 화려하게 수놓을 때, 그래서 어떤 구름은 수사가 되고, 어떤 구름은 물고기, 또 다른 구름은 터번 쓴 터키 사람이 될 때, 그러다 하늘의 삼분의 일을 포위하던 이글거리는 석양이 교회 십자가에서 섬광처럼 빛나고, 영주의 저택 창문에서 번쩍거리고, 강물과 물웅덩이에 반사되고, 나무들 위에서 아른거릴 때, 멀리 저 멀리 노을 진 하늘을 배경으로 야생 오리 떼가 집을 향해 날아갈 때…, 소떼를 몰던 목동이며 둑 위로 마차를 모는 검사관, 그리고 산책 나온 신사, 모두 저녁노을을 바라보며 저마다 진짜 아름답다고 생각하지만, 그 아름다움이 무엇에서 비롯된 것인지는 아무도 모르고 뭐라 말할 수도 없다.

나만 아르메니아 소녀를 예쁘게 본 것은 아니었다. 여자나 자연의 아름다움에는 무신경하고 무반응으로 일관하던 일흔 나이의 할아버지도 마샤를 한참 위아래로 훑어보더니 물었다.

"자네 딸인가, 아베르트 나자르이치?"

"그래, 내 딸일세." 아르메니아인이 대답했다.

"참 이쁘게 잘 컸구면." 할아버지가 인정한다는 듯 말했다.

모름지기 화가라면 아르메니아 소녀의 아름다움을 엄격한 미의 기준에 부합하는 미의 정석이라 칭했을 것이다. 그녀를 찬찬히 들여다보노라면 미인의 정확한 특성을 두루 갖추고 있다는 확신이 절로 들 수밖에 없으리라. 머리카락, 눈, 코, 입, 목, 가슴, 젊은 몸의 미세한 동작 하나하나가 모두 함께 완벽한 조화를 이루며, 가는 선 하나까지도 흐트러짐 없는 자연미를 표방한 그야말로 미의 정수였다. 어떤 이유에선지 이상적인 미인을 상상해 보면 마샤처럼 곧으면서도 끝이 약간 휜 그런 코에, 그런 크고 짙은 눈동자와 긴 속눈썹에, 그런 나른한 눈빛을 하고 있을 것 같다. 또 풋풋한 갈대가 조용한 실개천과 어울리듯이 검은 곱슬머리와 눈썹은 이마와 뺨의 부드러운 하얀 색조와 잘 어울린다는 생각이 들 것이다. 마샤의 하얀 목덜미와 갓 나온 가슴은 아직 성장이 끝나지 않았기에 조각가들이 제대로 표현해 보려고 한다면 창의적인 천재성을 발휘해야 할 것이다. 마샤를 가만히 들여다보고 있으면, 그녀만큼 곱고, 꾸밈없으면서도, 들으면 기분 좋을 그런 말을 다만 한마디라도 해 주고 싶은 욕구에 사로잡히고 만다.

처음에는 마샤가 나를 본체만체하고 시종일관 눈을 내리깔고 있어서 나도 모르게 마음에 상처를 받고 주눅이 들었다. 그녀는 도도하고, 행복에 겨운 듯한 묘한 분위기를 풍기며 나와 선을 그으며, 내 시선을 회피하는 것만 같았다.

'내가 먼지를 뒤집어써서 그럴 거야.' 나는 생각했다. '타기도 했고. 나야 뭐 아직 애송이 같겠지.'

하지만 점점 내 상태가 어떤지는 망각하고, 내 몰골이야 어떻든 오롯이 눈앞의 아름다움에만 집중하게 되었다. 더는 따분한 스텝 초원도, 먼지도 떠오르지 않았고, 파리가 윙윙거리는 소리도 들리지 않았으며, 차 맛도 느껴지지 않았고, 오로지 아름다운 소녀가 탁자 반대편에 서 있다는 생각만 들 뿐이었다.

나는 이 아름다움이 다소 생소했다. 나를 흥분시킨 마샤의 아름다움은 욕망도, 황홀경도, 향락도 아닌, 보고 있으면 기분이 좋아지면서도 마음 한구석이 시큰거리는 슬픔이었다. 이는 꿈처럼 막연하면서도 모호한 슬픔이었다. 어떤 이유에선지 나 자신도, 할아버지도, 아르메니아인도, 심지어 아르메니아 소녀조차도 애처로웠다. 마치 우리 네 사람 모두 인생에서 중요하고 꼭 필요한 뭔가를 잃어버렸는데 다시는 못 찾을 것만 같았다. 할아버지도 점점 침울해졌다. 비료나 귀리 얘기를 더는 꺼내지 않았고, 마샤를 구슬프게 바라보며 조용히 앉아 있었다.

할아버지는 차를 마시고 나서 낮잠을 자려고 누우셨고, 나는 집 밖 현관으로 나갔다. 아르메니아인 마을의 집들이 다 그렇듯,

그 집은 나무도, 차양도, 그늘도 없이 햇볕에 그대로 노출되어 있었다. 널찍한 앞마당에는 명아주와 야생 아욱이 무성히 자라고 있어 찌는 듯한 더위에도 선명하니 생기가 넘쳤다. 거대한 뜰에는 여기저기 낮은 울타리가 쳐져 있었고 그 안에는 탈곡장도 있었다. 탈곡장 한가운데 박힌 기둥 주위에는 마구를 채운 말 열두 마리가 한 줄로 매어 서서 커다란 원을 그리며 돌고 있었다. 말들 옆에는 긴 조끼와 승마바지 차림의 소러시아인이 채찍을 휘두르며, 마치 자신의 권력을 뽐내는 듯한 야유 섞인 톤으로 소리치며 걷고 있었다.

"아—아—아, 이 빌어먹을 짐승들아! … 아—아—아, 이 염병할 놈들아! 어디 겁나냐?"

밤색 말, 흰색 말, 얼룩덜룩한 말 들은 도무지 왜 그들이 한곳을 빙빙 돌며 밀짚을 밟고 다녀야 하는지 몰라서 화가 난다는 듯이 위협적인 기세로 꼬리를 흔들며 마지못해 달렸다. 말발굽에 밟힌 황금빛 밀짚 주변으로 먼지구름이 일더니 불어오는 바람에 울타리 저 너머까지 겨가 흩날렸다. 갓 쌓아 올린 낟가리 주변으로 갈퀴를 든 아낙네들이 모여 들었고, 짐수레들이 움직이고 있었다. 낟가리 너머에 있는 또 다른 뜰에는 또 다른 열두 마리 말들이 기둥 주위를 돌고 있었고, 마찬가지로 소러시아인이 채찍을 휘두르며 말들을 조롱하고 있었다.

내가 앉아 있던 계단은 더웠다. 가느다란 계단 난간과 창틀 여기저기서 열기로 인해 나무 진액이 스며 나오고 있었고, 계단 난

간의 살과 덧문 창살 그림자를 따라 붉은 무당벌레가 떼 지어 있었다. 뜨거운 태양열에 내 머리와 가슴과 등짝은 익어 가고 있었지만, 나는 그런 줄도 모르고 오로지 울퉁불퉁한 복도 바닥과 방바닥 위를 오가는 통통거리는 맨발 소리에만 온통 신경이 쓰였다. 마샤는 찻상을 치우고 나서 공기를 가르며 계단을 내려갔고, 마치 새 한 마리가 날갯짓하듯 푸드덕거리면서 작고 거뭇거뭇한 헛간으로 휙 사라졌다. 거기서 구운 양고기 냄새가 나는 걸로 보아 부엌 같았는데, 안에서 아르메니아어로 화내는 소리가 들려왔다. 그러더니 그녀는 어두운 출입구로 사라졌고, 그곳 문지방으로 녹색 바지 차림에 등이 굽고 얼굴이 붉은 아르메니아 할머니가 나타났다. 할머니는 화를 내며 누군가를 꾸짖고 있었다. 곧이어 마샤가 후끈한 부엌의 공기에 얼굴이 달아오른 채 검은색 커다란 빵 덩어리를 어깨에 메고 출구에 나타났다. 빵이 무거워 휘청이는 모습마저 우아한 그녀는 그대로 뜰을 가로질러 탈곡장으로 달려가 울타리를 넘더니 황금색 겨들이 흩날리며 일으킨 먼지구름 속으로 종적을 감추며 짐수레 뒤로 사라졌다. 말을 몰던 소러시아인은 채찍을 내리더니 잠시 숙연하게 짐수레 쪽을 쳐다보았다. 그때 아르메니아 소녀가 다시 말 옆으로 뛰어나와 울타리를 넘자, 그는 눈으로는 그녀를 좇으며 몹시 낙심한 듯한 어조로 말들에게 외쳤다.

"염병할, 든적스러운 놈들아!"

그러고도 한동안 나는 계속해서 그녀의 맨발 소리를 들었고,

마샤가 뭔가에 사로잡힌 듯한 진지한 얼굴로 뜰을 가로질러 가는 모습을 보았다. 계단을 뛰어 내려가면서 내 주위를 쌩하고 지나치고, 부엌으로 들어갔다가, 이제는 탈곡장을 향해 뛰어가고, 다시 대문을 통과하고… 내가 쉴 새 없이 고개를 돌리지 않으면 그녀의 모습을 따라잡을 수 없을 지경이었다.

그리고 그녀가 아름다운 자태로 내 옆을 푸드덕거리며 지나쳐 갈수록 내 슬픔은 더욱 통렬해졌다. 그녀나 나나, 그녀가 노랗게 이는 먼지구름을 지나 짐수레로 달려갈 때마다 애절하게 그 모습을 지켜보는 소러시아인에게나 모두 못 할 짓이었다. 이 슬픔이 어디서 오는 건지, 그녀의 아름다움을 시기해서인지, 아니면 그 소녀가 내 여자가 아니고, 앞으로도 그럴 일이 없을 거라는 게 유감스러운 건지, 아니면 내가 그녀에게는 그저 풋내기일 뿐이라서인지, 그도 아니면 그녀가 지닌 보기 드문 아름다움이 우연이고, 부질없고, 지상에 있는 다른 모든 것처럼 그리 오래 가지 않으리라고 어설프게나마 느꼈기 때문인지는 모르겠다. 그것도 아니라면 어쩌면 나의 슬픔은 진정한 아름다움에 대해 생각하다 보면 느끼게 되는 그런 독특한 감정이었는지도 모르겠다. 누가 알겠는가!

그렇게 세 시간이 훌쩍 지나가 버렸다. 마샤를 제대로 본 시간도 별로 없었던 것 같은데 카르포가 어느새 강에 가서 말을 씻기고 돌아와 말을 마차에 다시 연결하기 시작했다. 젖은 말은 좋아서 코를 씩씩거리며 발굽으로 마차를 찼다. 카르포가 "가—

만!"이라고 소리쳤다. 할아버지도 일어났다. 마샤가 우리를 위해 삐걱거리는 문을 열어 주었고, 우리는 마차에 올라타 뜰을 벗어났다. 우리는 마치 서로에게 화난 사람들처럼 가는 내내 침묵했다.

두세 시간쯤 지나 멀리서 로스토프와 나히체반이 모습을 드러내자 오는 내내 말 한마디 없던 카르포가 휙 돌아보며 말했다.

"아르메니아인 계집애, 끝내주더군."

그러고는 말에게 채찍을 휘둘렀다.

2

또 한번은, 대학생이 되고 나서 기차를 타고 남쪽으로 가던 중이었다. 때는 오월이었다. 어떤 기차역에 정차했을 때, 아마 벨고로드와 하르키우 사이였던 것 같은데, 난 승강장 주변이나 걸을까 해서 기차에서 내렸다.

역사 정원과 승강장, 인근 들판에는 이미 땅거미가 내려앉았다. 역사가 석양을 가리고 있었지만, 기차가 뿜어 내는 연기의 맨 윗부분이 장밋빛으로 물든 것을 보면 태양이 아직 지지 않았다는 것을 알 수 있었다.

승강장을 오르내리다 보니 유독 많은 승객이 이등 객차 주변에 서 있거나 맴도는 게 보였고, 마치 유명인이 거기 있기라도 한 듯 사람들의 시선이 한곳을 향했다. 그 객차 주변에서 호기심에 두리번거리는 사람들 가운데 뜻밖에도 나와 동행했던 포병 장교를 보았다. 여행하다 우연히 만나 잠깐 알고 마는 이들이 그렇듯 그도 아는 것 많고, 친절하고, 이야기를 잘 들어 주었다.

"거기서 뭘 보는 거예요?" 내가 물었다.

그는 대답 없이 그저 눈짓으로 한 여자를 가리켰다. 열일곱에서 열여덟 정도로 보이는 아가씨로 러시아 전통의상 차림에, 모자는 쓰지 않았고, 목에 두른 작은 스카프가 한쪽 어깨에 대충 걸쳐져 있었다. 승객은 아니고, 내 생각에 역장의 여동생 아니면 딸 같았다. 그녀는 객실 창문 앞에 서서 기차에 탄 나이 지긋한 여성과 이야기를 나누고 있었다. 내가 뭘 보고 있는지 깨닫기도 전에 돌연 나는 예전에 아르메니아 마을에서 겪었던 감정의 소용돌이에 휘말리고 말았다.

그 아가씨는 기막히게 예뻤다. 나를 비롯해 나처럼 그녀를 바라보고 있는 사람치고 이 말에 이의를 달 사람은 없을 것이다.

관행처럼 그녀의 외모를 조목조목 따져 본다면, 검은색 리본으로 가볍게 묶어 늘어뜨린 풍성하고 곱슬곱슬한 금발 머리만 사랑스러웠을 뿐, 다른 부분은 뭔가 변칙적이거나 매우 평범했다. 애교를 부리느라 눈웃음을 쳐서 그런 건지 아니면 근시가 있어서인지 눈매는 가느다랬고, 코는 어설프게 위로 들렸으며, 입은 작았다. 게다가 얼굴 윤곽은 또렷하지 않고 밋밋했으며, 나이에 비해 어깨가 좁고 덜 발달해 보였다. 하지만 그녀는 정말 예쁘다는 인상을 주었고, 보면서 러시아인의 얼굴이 사랑스러워 보이기 위해서는 구태여 엄격한 미인의 기준에 부합할 필요는 없다는 확신이 들었다. 게다가 그 러시아 소녀가 들창코 대신 아르메니아 소녀의 코처럼 정확하고 어디 하나 손댈 데 없는 그런 완벽한 코를 가졌더라면 코 하나 바뀐 걸로 오히려 그녀의 얼굴은 매력을 잃었을지도 모른다는 생각마저 들었다.

소녀는 창가에 서서 이야기하다가 저녁 공기가 쌀랑한지 어깨를 으쓱하더니 잠깐씩 우리 쪽을 쓱 돌아보기도 하고, 양팔을 굽혀 허리에 갖다 댔다가, 양손을 올려 머리를 쓸어내리기도 했다. 말하고 웃으면서도 순간 놀란 표정을 지었다가, 바로 겁에 질린 표정을 지었다가, 내가 본 바로는 잠시도 얼굴이나 몸을 가만히 두질 않았다. 그녀의 아름다움의 비밀과 비법은 바로 이 미묘하고도 그칠 줄 모르는 몸동작, 미소, 다채로운 표정, 주위를 빠르게 둘러보는 눈빛에 있었다. 그런 미묘하고 우아한 동작들 덕에 그녀가 웃거나 말할 때마다 젊음과 풋풋함과 순수한 영혼이 절로 연상되었으며, 또 사랑스러우면서도 여리여리한 아이들이나 새들, 어린 사슴, 어린 나무가 떠오르며 보는 이들의 보호 본능을 자극했다.

그 아름다움은 진중한 사고나 슬픔, 평정심과는 결이 다른, 왈츠에 맞춰 꽃밭을 이리저리 날아다니며 웃음과 활기를 더해 주는 나비의 아름다움이었다. 승강장에 쌩 불어오는 바람이나 후드득 쏟아지는 빗방울만으로도 그 부서지기 쉬운 몸은 쉬이 시들해지고, 그 변덕스러운 아름다움은 꽃가루처럼 산산이 흩어져 버릴 것 같았다.

"그렇지—뭐…." 탑승을 알리는 벨이 또 한 번 울리고, 객차로 돌아갈 시간이 되자 장교가 한숨을 쉬며 투덜거렸다.

무슨 의미로 '그렇지—뭐'라고 말한 건지 내가 단정 짓지는 않겠다.

어쩌면 그는 우울했거나, 봄날 저녁에 미인을 두고 숨 막히는 기차로 돌아가고 싶지 않았던 것인지도 모른다. 아니면 그도 나와 마찬가지로 미인이나, 그 자신이나, 나나, 마지못해 객차로 터덜터덜 돌아가고 있는 모든 승객에게 뚜렷한 이유도 없이 애잔한 마음이 들었는지도 모른다. 우리는 역사를 지나가다가 창문 너머로 전신기 옆에 앉아 있는 핼쑥한 전신원을 보았다. 그는 붉은 곱슬머리가 뻗쳐 있었고 광대뼈가 나온 데다 혈색이 안 좋아 보였다. 장교가 한숨을 쉬며 말했다.

"보나 마나 저 전신원도 그 예쁜 아가씨한테 홀딱 빠졌을 거예요. 천상에서 내려온 그런 미녀와 한 지붕 아래 함께 지내면서 사랑하지 않고 어찌 배기겠어요? 친구, 이 얼마나 못 할 노릇이에요! 너무 가혹하지 않나요? 점잖은 친구 같고 바보도 아닌 것 같던데 꾸부정하고, 수더분하고, 팻기도 없는 몰골로 자신에게 눈길 한 번 주지 않는 그런 예쁘고 어리석은 미녀를 사랑하다니요! 아니, 그보다 더 기구한 팔자일 수도 있죠! 가령 저 전신원이 사랑에 빠졌는데 유부남이라고 해 봐요. 자기랑 똑같이 꾸부정하고, 수더분하고, 점잖은 아내가 집에서 기다린다고 상상해 보라구요."

우리 차량과 바로 뒤 차량 사이의 승강장에서 한 역무원이 난간 위에 팔꿈치를 대고 서서 아름다운 소녀 쪽을 보고 있었다. 며칠째 잠도 잘 못 잔 데다 기차가 흔들려서 지칠 대로 지친 그는 얼굴도 까칠하고, 주름도 자글자글한 데다 통통 부어 있었지만, 소녀를 바라보는 그의 표정은 한없이 부드럽고도 슬퍼 보였다. 마치 그 소녀를 통해 행복, 그의 젊은 시절, 맑은 정신, 순수, 아내, 아이들을 보고 있는 것만 같았다. 마치 그 소녀가 자기 여자가 아니라는 것을 되뇌며 온몸으로 느끼고 있는 것 같았다. 겉늙고, 투박하고, 통통 부은 얼굴로 사는 자신에게는 여행객이나 일반인이 누리는 평범한 행복 같은 것은 하늘만큼이나 멀리 떨어져 있다고 여기는지도 모를 일이었다….

세 번째 종이 울리고 호루라기 소리가 울려 퍼지자 기차는 천천히 움직였다. 처음에는 역무원이, 그다음에는 역장이, 또 그다음에는 정원이, 그리고 절묘하게 미소 짓는 아름다운 소녀가 우리 창문을 지나쳤다.

고개를 창밖으로 내밀어 뒤쪽을 보니 그녀가 승강장을 따라 걸으면서 눈으로는 기차를 좇다가 전신원이 앉아 있는 창가에서 머리를 매만지고는 정원으로 달려갔다. 석양을 가리던 역사는 더이상 보이지 않았고 넓은 들판이 펼쳐졌건만, 해는 이미 떨어져 기차 연기는 초록색 벨벳 같은 어린 옥수수밭 위에 떠 있는 검은 구름 속으로 들어갔다. 봄 공기도, 어둑어둑해지는 하늘도,

기찻길을 달리는 객차 안도 모두 침울했다.

아까 본 듯한 역무원이 객차 안으로 들어와 촛불을 켜기 시작했다.

거울

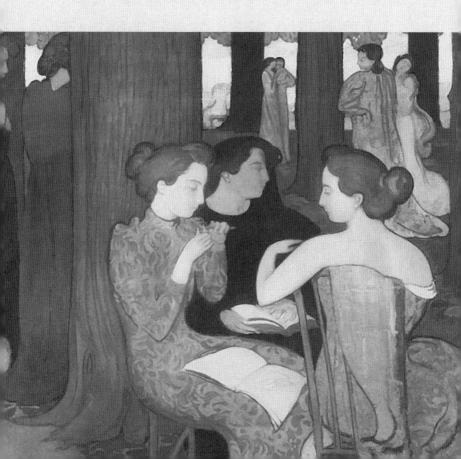

한 해가 저무는 마지막 날 밤이었다. 지주이자 장군의 젊고 예쁜 딸 넬리는 밤낮으로 결혼을 꿈꾸며 자신의 방에 앉아서 피곤한지 반쯤 감긴 눈으로 거울을 들여다보고 있었다. 그녀는 창백했고, 초조해 보였고, 거울만큼이나 움직임도 없었다.

눈앞에 보이는데 존재하지는 않는, 끝도 없이 촛대가 늘어선 길고 좁다란 복도를 배경으로 그녀의 얼굴과 손, 몸체가 투영되어 있었다. 이 모든 것이 어느새 뿌연 안개로 덮였다가, 끝이 어딘지 모를 회색 바다로 합쳐져 출렁였다가, 어슴푸레 빛났다가, 때때로 붉게 타올랐다가 했다….

넬리의 초점 없는 눈동자와 반쯤 벌어진 입술을 보고 있으면 자는 건지 깨어 있는 건지 도통 분간하기 어려웠지만, 어쨌거나 그녀는 보고 있었다. 처음에는 누군가의 미소와 부드럽고 매력적인 눈빛을 보았고, 그런 다음에는 회색 배경이 바뀌며 점차 머리, 얼굴, 눈썹, 수염의 윤곽이 하나둘 나타나는 것을 보았다. 바로 운명의 상대, 오래 꿈꿔 왔던 희망의 대상, 남편의 모습이었다. 그는 넬리에게 삶의 의미이자, 행복, 출세, 숙명이었다. 그를 제외하면 거울의 회색 배경과 마찬가지로 모든 게 어둡고, 공허하고, 무의미했다. 그래서 바로 앞에서 부드럽게 웃고 있는 잘생긴 얼굴을 보며 행복하다고 느끼고, 말이나 글로 표현될 수 없는 무언의 달콤한 꿈 같은 기분을 느끼는 것도 전혀 이상한 게 아니었다. 그러고 나서 그의 목소리를 듣고, 같은 지붕 아래서 그와 사는 자신을 보고, 점차 그녀의 삶은 그의 삶과 하나가 되었다. 세월이 회색 배경으로 빠르게 흘러갔다. 그리고 넬리는 자신의 앞날을, 사소한 것 하나까지도 뚜렷이 보았다.

회색 배경으로 장면들이 연달아 나타났다. 지금은 어느 겨울 밤 자신이 그 구역 의사인 스테판 루키치의 집 문을 두드리는 장면이 그녀의 눈앞에 나타났다. 늙은 개는 문 뒤에서 쉰 소리로 짖는 둥 마는 둥 하고 있었다. 불이 꺼져 있는지 창문 안쪽은 컴컴했다. 정적만이 흘렀다.

"제발, 제발요!" 넬리는 속삭였다.

마침내 정원 출입구가 삐걱거리더니 의사네 요리사가 넬리를 맞았다.

"선생님 안에 계신가요?"

"주인님은 잠드셨어요." 요리사는 의사가 행여나 깰까 봐 소매로 입을 가리며 속삭였다.

"열병 환자들을 치료하다 이제 막 오셨거든요. 피곤하니 깨우지 말라고 당부하셨어요."

하지만 넬리는 요리사의 말이 좀처럼 귀에 들어오지 않았다. 요리사를 밀치고 그녀는 의사네 집 안으로, 막무가내로 들어갔다. 어둡고 퀴퀴한 방들을 훑으며 가다가 의자도 두세 개 넘어뜨리고 난 뒤 드디어 의사의 침실에 당도했다. 스테판 루키치는 외투만 벗은 채 그대로 침대에 누워 입술을 삐죽 내밀고 손바닥에 숨을 내뿜고 있었다. 그의 옆에서 작은 취침등이 희미하게 빛났다. 한마디 말도 없이 넬리는 자리에 앉아 울기 시작했다. 온몸을 떨며 통곡했다.

"남편이 아파요!" 그녀가 목멘 소리로 말했다. 스테판 루키치는 아무 말이 없었다. 그는 천천히 손으로 머리를 받치며 일어나 졸린 눈으로 방문객을 바라보았다.

"남편이 아파요!" 넬리가 눈물을 참아 가며 말했다. "제발 빨리 와 주세요. 서둘러 주세요…. 어서요!"

"에?" 의사가 손바닥에 숨을 내뿜으며 소리쳤다.

"어서 와 주세요, 어서요. 한시가 급해요! 안 그러면… 생각하고 싶지도 않아. 제발요!"

하얗게 질린 데다 지쳐 보이는 넬리는 숨을 헐떡이고 눈물을 삼키면서 의사에게 그녀 남편의 병세와 이루 말할 수 없는 자신의 공포에 대해 하소연하기 시작했다. 어찌나 고통을 절절히 읊던지 바위라도 움찔할 정도였지만 의사는 그녀를 바라보기만 하고, 그의 손바닥에 숨만 내뿜을 뿐 전혀 움직이려 들지 않았다.

"내일 가겠소!" 그가 중얼거렸다.

"말도 안 돼요!" 넬리가 소리쳤다. "내 보기에 남편은 티푸스를 앓고 있어요! 그러니… 지금 당장 선생님이 필요해요!"

"저… 저는… 지금 막 들어왔어요." 의사가 중얼거렸다. "지난 사흘간 집에도 못 들어오고, 티푸스 환자들 돌보느라 몹시 피곤하고 나도 아파요…. 아무리 부탁해도 못 가요! 절대! 나도 거기서 걸렸다고요!"

그러더니 의사는 그녀의 눈앞에 체온계를 들이밀었다.

"봐요, 열이 거의 사십 도인데…. 이 몸으로 어딜 가요! 앉아 있기에도 힘에 부치는구만…. 실례지만, 누울게요…."

의사가 누웠다.

"하지만 부탁드려요, 의사 선생님." 넬리가 절망스럽게 통곡했다. "이렇게 빌게요! 좀 도와주세요. 힘드시겠지만 기운 좀 차려 보세요! 제가 보답할게요, 네?"

"나 참! … 아니, 말씀드렸잖아요. 아!"

넬리는 벌떡 일어나 안달이 난 듯 침실을 왔다 갔다 했다. 그녀는 의사에게 설명하고 이유를 대고 싶었다…. 남편이 그녀에게 얼마나 소중하고 그녀가 지금 얼마나 불행한지 의사가 알기만 한다면 피로도 아픈 것도 잊게 될 거라고 생각했다. 하지만 뭘 어떻게 설명한단 말인가?

"지방자치구 의사한테 가 보세요." 그녀는 스테판 루키치의 목소리를 들었다.

"말도 안 돼요! 여기서 삼십 킬로미터 이상 떨어져 있다고요. 시간이 촉박해요. 말들도 못 버텨요. 우리 집에서 여기까지 오는 데도 오십 킬로미터나 달려서 왔는데, 여기서 거기 가려면 또 그만큼 가야 한다고요. 아뇨, 불가능해요! 함께 가요, 스테판 루키치. 벌떡 일어나서 박차고 나서는 모습을 보여 주세요. 제발 힘을 내 보시라고요! 우리가 불쌍하지도 않나요?"

"긴말 필요 없어요…. 온몸에 열이 나는데…. 머리도 빙빙 돌고…. 아니 도무지 말이 안 먹히잖아! 절 좀 내버려두시라고요!"

"하지만 당신은 가야 할 의무가 있어요! 왕진을 거부하다니요? 그건 자기밖에 모르는 행동이라고요! 무릇 의사란 이웃을 위해 자신을 희생할 줄도 알아야 하잖아요…. 그런데 선생님은 안 가고 버티겠다니…. 고소할 거예요!"

넬리는 말도 안 되는 소리로 의사를 부당하게 힐난하고 있다는 기분이 들었지만, 남편을 위해서라면 논리도, 기지도, 타인에 대한 동정심도… 내려놓을 수 있었다. 그녀의 위협에 어처구니없다는 듯이 의사는 벌컥벌컥 냉수 한 잔을 들이켰다. 넬리는 바닥에 주저앉아 가장 비천한 거지처럼 싹싹 빌었다. 마침내 의사가 두 손 두 발 다 들었다. 그는 천천히 일어나 거칠게 숨을 몰아쉬며 외투를 찾았다.

"여기 있어요!" 넬리가 그를 도우며 외쳤다. "제가 입혀 드릴게요. 자요! 제가 꼭 보답할게요…. 평생 선생님께 감사하며 살 거예요….”

하지만 이게 웬일인가! 외투를 입고 나서 의사는 다시 자리에 누웠다. 넬리는 그를 일으켜 복도로 끌고 갔다. 그런 다음 부츠를 신기고 털코트를 입히느라 한참을 씨름하고… 모자는 어디 떨궜는지 모르겠고…. 하지만 마침내 넬리는 의사와 함께 마차에 탔다. 이제 50킬로미터만 가면 남편은 의사의 진료를 받게 될 것이다. 땅에는 어둠이 깔렸다. 바로 눈앞에 있는 손도 보이지 않았다. 겨울의 칼바람이 불어왔다. 바퀴는 고르지 않은 얼어붙은 땅을 지나야 했다. 마부는 어느 길로 가야 할지 고민하며 가다 서다를 반복했다.

넬리와 의사는 가는 내내 조용히 앉아 있었다. 마차는 심하게 흔들렸지만, 그들은 추위도 떨림도 느끼지 못했다.

“빨리요, 빨리!” 넬리가 마부를 재촉했다.

새벽 다섯 시에 지친 말들이 마당 안으로 진입했다. 넬리는 익숙한 대문과 두레박이 달린 우물, 마구간과 헛간이 길게 늘어선 것을 보았다. 마침내 그녀는 집에 왔다.

“잠시만요, 바로 올게요.” 그녀는 스테판 루키치에게 식당 소파에 앉아 있으라고 했다. “앉아서 조금만 기다리세요. 상태가 어떤지 보고 올게요.”

남편을 보고 돌아오는 길에 의사가 누워 있는 것을 보았다. 그는 소파에 누워 중얼거리고 있었다.

“의사 선생님, 제발! … 의사 선생님!”

"네? 돔나에게 물어봐요!" 스테판 루키치가 중얼거렸다.

"뭐라고요?"

"회의 중에 말이 나왔어. … 블라소프가 그랬지…. 누구? … 뭐라고?"

넬리는 의사를 보고 망연자실할 수밖에 없었다. 그도 남편만큼이나 정신이 혼미했다. 어찌해야 할까?

"지방자치구 의사를 찾아가야겠어." 그녀가 결심했다.

그런 다음 또다시 어둠이, 칼바람이, 얼어붙은 땅바닥이 이어졌다. 그녀는 신체적으로나 정신적으로 고통스러웠고, 아무리 망상인들 이런 고통을 잠재울 만한 뾰족한 술책이나 속임수가 있는 것도 아니었….

회색 배경으로 또 다른 장면이 나타났다. 그녀가 본 것은 해마다 봄이 되면 은행에 담보대출 이자를 갚을 돈이 빠듯해서 전전긍긍하는 남편의 모습이었다. 그도 잠 못 이루고, 그녀도 잠 못 이루고, 둘은 법원 서기의 방문만큼은 어떻게든 피해 보려고 밤새 대책을 마련하느라 욱신거리도록 머리를 쥐어짜 내고 있었다.

자식들도 보였다. 감기며, 성홍열이며, 디프테리아에다가 저조한 학업 성적에 이별까지, 근심 걱정이 끊이지 않았다. 자녀 대여섯 중 하나는 저세상으로 먼저 보낼 게 분명했다.

죽음이라고 회색 배경에서 빗겨 날 수는 없었다. 어찌 보면 당연했다. 남편과 아내가 한날한시에 죽을 수는 없으니 어찌 되었든 산 자가 죽은 자를 묻어야만 한다. 그리고 배우자의 죽음을 목격한 사람은 넬리였다. 이 참사의 세세한 부분 하나하나까지도 그녀의 눈앞에 펼쳐졌기에 그녀는 관이며, 촛불, 부제, 심지어 복도에 난 장의사의 흙 묻은 발자국까지 보고야 말았다.

"왜, 왜 꼭 이래야 하는데?" 그녀가 남편 얼굴을 망연자실 바라보며 물었다.

고작 이렇게 끝나 버리고 말 것을, 여태껏 함께 살아온 삶이야말로 다 부질없는 전주곡일 뿐이라는 기분이 들었다.

넬리의 손에서 뭔가가 떨어져 바닥에 부딪혔다. 넬리는 깜짝 놀라 벌떡 일어나 눈을 크게 떴다. 거울 하나가 발치에 놓여 있었다. 다른 거울은 탁자 위에 그대로 세워져 있었다.

거울을 들여다보니 창백하고 눈물로 얼룩진 얼굴이 보였다. 회색 배경은 이제 없었다.

'잠들었나 보네.' 그녀는 안도의 한숨을 내쉬었다.

내기

1

어둑어둑한 가을밤이었다. 나이 지긋한 은행가가 십오 년 전 이맘때 열었던 모임을 회상하며 서재를 이리저리 서성이고 있었다. 당시 똑똑한 사람도 많이 모였고, 대화 주제도 무척 흥미로웠다. 여러 주제 가운데 사형 제도를 둘러싼 의견도 오갔다. 손님들 가운데는 학자와 언론인도 상당했는데 대부분 사형 제도를 인정하지 않았다. 그들은 사형을 시대에 뒤떨어진 처벌 수단이자 기독교 국가에 걸맞지 않는 부도덕한 제도로 보았다. 개중 일부는 사형을 종신형으로 일괄 대체해야 한다고 생각했다.

"난 동의 못 하겠소."라고 모임을 주관한 은행가가 말했다. "사형이나 종신형을 직접 선고받은 적은 없소만, 선험적으로 판단하더라도 사형이 종신형보다는 도덕적이고 인도적이라는 생각이오. 사형은 즉시 죽이지만, 종신형은 서서히 죽이지요. 불과 몇 초 만에 목숨을 앗아 가는 집행자와 수년 동안 끝없이 생명을 갉아먹는 집행자 중 누가 더 인도적이오?"

"둘 다 부도덕하긴 마찬가지입니다." 한 손님이 말했다. "생명을 앗아 가는 게 목적이라는 점에서 다를 게 없어요. 국가는 신이 아닙니다. 국가가 그저 원한다고 돌려줄 수도 없는 것을 빼앗을 권리는 없다 이 말입니다."

손님들 중에는 스물다섯 살 정도밖에 안 되어 보이는 젊은 변호사도 있었다. 그의 의견을 묻자, 이렇게 대답했다.

"사형과 종신형 둘 다 부도덕하지만 제게 선택권이 주어진다면 전 보나 마나 후자를 택할 겁니다. 죽는 것보다야 어떻게든 사는 게 낫죠."

토론은 점입가경으로 치달았다. 그때만 해도 젊고 예민했던지라 은행가는 갑자기 흥분해서는 탁자를 주먹으로 내리치고는 젊은 변호사를 향해 소리쳤다.

"거짓말! 당신이 감옥에서 오 년도 못 버티고 꼬꾸라질 거라는 데 이백만 루블을 걸겠소."

"그리 진지하게 나오시겠다면," 변호사가 대답했다. "그럼 저는 오 년이 아니라 십오 년을 갇혀 있어도 거뜬하다는 데 걸겠어요."

"십오 년? 좋소!" 은행가가 소리쳤다. "신사분들, 전 이백만 루블을 겁니다."

"좋습니다. 당신은 이백만 루블, 난 내 자유를 걸겠어요." 변호사가 말했다.

그렇게 이 무모하고 황당한 내기가 성사되었다. 당시 돈이 하도 많아 셀 수조차 없었던지라 제멋대로에 변덕스러운 은행가는 승부가 이미 결정이라도 난 듯이 열광했다. 그는 저녁 식사 중에 변호사에게 농담을 섞어 가며 훈수를 뒀다.

"젊은 양반, 너무 늦기 전에 정신 차리게. 이백만 루블이라고 해봤자 나한테는 아무것도 아니지만, 자네는 인생에서 꽃다운 삼사 년을 잃는 거란 말이지. 내가 삼사 년이라고 한 것은 그 이상은 버틸 수 없을 것 같아서 하는 말이네. 자발적인 수감이 강제 수감보다 훨씬 견디기 어렵다는 걸 명심하게나. 원하기만 하면 언제든 나갈 수 있다는 생각이 들 때마다 좁아터진 감옥에서 하루하루를 버티는 게 더욱 고역이지 않겠나, 이 불쌍한 양반아."

그리고 이제 그 은행가는 서재를 서성거리며 이 모든 것을 기억해 내고 자문했다.

'아니 내가 왜 그런 내기를 했을까? 무슨 득을 보겠다고? 변호사는 십오 년을 잃고, 난 이백만 루블을 잃는데. 그럼 과연 그 내기가 사람들에게 사형 제도가 더 나쁘다거나 종신형보다는 낫다거나 하는 확신을 줬을까? 아니, 아니야! 다 헛짓거리지. 나야 돈 좀 있다고 허세를 부린 것뿐이고, 그 변호사는 그저 돈이 탐났던 것뿐이라고.'

그는 그날 저녁 모임 이후에 무슨 일이 있었는지 좀 더 기억해 냈다. 변호사는 은행가의 집 정원 한쪽에 있는 별채에서 엄격한 감시를 받으며 수감 생활을 하기로 결정이 났다. 수감 중에는 일부 권리가 박탈되어 그는 문턱을 넘을 수도, 살아 있는 사람을 볼 수도, 사람 목소리를 들을 수도, 편지와 신문을 받을 수도 없다는 데 합의했다. 악기를 소지하고, 책을 읽고, 편지를 쓰고, 술을 마시고, 담배를 피우는 것은 허용되었다. 이 내기를 위해 특수 제작된 작은 창문을 통해 외부 세계와 소통할 수 있었지만, 말을 주고받지는 않기로 합의했다. 책이나 악기, 술 등 필요한 모든 것은 창문을 통해 쪽지를 전달하는 방식으로 얼마든지 받을 수 있었다. 이 합의는 철저한 독방 수감을 위해 세부 조건을 준수하도록 규정하고 있으며, 1870년 11월 14일 12시부터 1885년 11월 14일 12시까지 정확히 십오 년 동안 수감 생활을 유지할 것을 못 박았다. 이 기간 안에 변호사가 사소한 조건이라도 위반한다거나, 이 기간이 끝나기 불과 이 분 전에라도 탈출을 시도한다면, 은행가는 이백만 루블을 주지 않아도 되었다.

수감 첫해에 변호사는, 그가 쓴 짧은 쪽지들을 통해 판단해 보건대, 외로움과 지루함에 몸서리쳤다. 그가 갇힌 별채에서는 밤낮으로 피아노 소리가 들렸다. 그는 술, 담배는 거부했다. "술은," 그는 썼다. "욕망을 자극하고, 욕망은 죄수의 주적이다. 게다가 아무리 좋은 술인들 혼자 무슨 재미로 마시겠나." 또 담배는 감방 공기만 탁하게 만들 뿐이라고 썼다. 첫해에 변호사는 복잡한 관계 설정으로 흥미를 더한 애정 소설이나 범죄 소설, 판타지 소설, 희극 등 가벼운 성격의 책들을 주문했다.

두 번째 해에 피아노 소리는 뚝 끊겼고, 고전문학을 넣어 달라는 요청이 있었다. 다섯 번째 해에는 음악 소리가 다시 들렸고, 술 주문이 들어왔다. 그를 감시하던 사람들은 그가 그해 내내 먹고 마시고 침대에 누워만 있었다고 전했다. 그는 연신 하품만 해 대고, 화난 목소리로 혼잣말을 했다. 책은 읽지 않았다. 가끔 밤에 앉아서 글을 쓰곤 했다. 밤늦게까지 쓴 글을 아침이면 전부 찢어 버리곤 했다. 한 번 이상 흐느끼는 소리가 들렸다.

여섯 번째 해 후반에 수감자는 언어, 철학, 역사에 열을 내며 공부하기 시작했다. 이 학문에 푹 빠져서 어찌나 많은 책을 읽어 대는지 은행가는 그가 주문한 책을 대느라 눈코 뜰 새 없이 바빴다. 이때부터 사 년 동안 변호사의 부탁으로 사들인 책만 육백여 권이나 되었다. 이 탐독 기간에 은행가는 수감자에게 다음과 같은 편지를 받았다.

교도관님, 저는 이 문장을 여섯 가지 언어로 쓰고 있습니다. 이 편지를 전문가에게 보여 주면서 한번 읽어 보라고 해 주세요. 그들이 실수를 하나도 찾지 못한다면 간청하건대 정원에 축포를 쏘도록 명령해 주세요. 총소리가 나면 제 노력이 헛되지 않았다는 것을 알게 되겠죠. 각기 다른 시대의 현인들과 각국의 천재들이 저마다 다른 언어로 말하지만, 그들 모두 똑같은 불꽃을 피웁니다. 오, 이제 내가 그들을 이해할 수 있게 되어 날아갈 듯 행복하다는 것을 당신도 알았더라면!

죄수의 욕망은 충족되었다. 은행가의 명령으로 총알 두 발이 정원에 발사되었다.

열 번째 해가 지난 후, 변호사는 책상 앞에 꼼짝도 하지 않고 앉아서 신약성서만 읽었다. 은행가는 사 년 동안 육백여 권의 난해한 양서를 섭렵했던 사람이 어째서 읽기도 쉽고 두껍지도 않은 책 한 권을 읽느라 일 년 가까이 허비하는지 의아했다. 신약성서를 통독한 다음에는 각종 종교사와 신학서를 주문했다.

수감 기간의 마지막 이 년 동안 죄수는 그저 닥치는 대로 어마어마한 양의 책을 읽었다. 자연과학에 전념하는가 싶더니, 느닷없이 바이런이나 셰익스피어를 읽곤 했다. 그는 화학 전공서, 의학 교과서, 소설, 철학이나 신학 관련 논문을 동시에 보내 달라고 쪽지로 요청하곤 했다. 그는 망망대해 난파선의 부서진 파편들 사이에서 발버둥을 치고 있는 것 같았다. 어떻게든 살아 보려는 간절한 마음으로 파편 하나를 꼭 움켜잡았다가 다른 파편으로 옮겨 가듯이 이 책 저 책 읽으면서 어떻게든 살길을 찾아보려는 것 같았다.

2

은행가는 이 모든 것을 회상했다. 그리고 생각했다.

'내일 열두 시면 그는 자유를 얻겠지. 그리고 계약에 따라 난 그에게 이백만 루블을 줘야 할 테고. 그 돈을 주고 나면 난 끝장

이야. 영원히 파산이야…'

십오 년 전만 해도 그는 주체할 수 없을 만큼 돈이 많았지만, 지금은 빚이 많은지 자산이 많은지 자문하기가 두려웠다. 주식을 투매하고 위험한 투기에 뛰어들고 나이가 들어서도 무모한 객기를 제어하지 못하다 보니 사업은 점점 쇠락했다. 세상 두려울 것 없이 자신감 넘치고, 자부심이 대단하던 사업가는 시장의 흥망성쇠에 일희일비하는 보잘것없는 은행원이 되었다.

'망할 내기 같으니,' 노인이 절망에 빠져 머리를 쥐어짜며 중얼거렸다… '그 남자는 왜 죽지도 않나? 이제 그는 겨우 마흔이야. 내 마지막 푼돈까지 빼앗아 결혼하고, 인생을 즐기고, 주식 거래로 재미도 좀 보겠지. 반면 나는 거지 신세가 되어 부러운 눈으로 그를 바라보다가 매일 같은 소리나 듣게 될 거야. '선생님 덕에 제 팔자가 폈습니다. 그러니 제가 좀 도와야지요.' 아니, 그 꼴은 못 보지! 파산과 불명예를 피할 수 있는 유일한 길은—그가 죽는 수밖에는 없어.'

시계가 막 세 시를 쳤다. 은행가는 자지 않고 듣고 있었다. 모두 잠든 집 안은 조용했고, 창밖에서는 추위에 언 나무들이 바람에 부대끼는 소리만 들릴 뿐이었다. 그는 소리 나지 않게 숨죽이며 십오 년간 열지 않았던 금고에서 열쇠를 꺼내 외투를 걸치고 집 밖으로 나왔다. 정원은 어둡고도 추웠다. 비도 추적추적 내리고 있었다. 살을 에는 축축한 바람이 정원을 휘몰아치며 잠시도 나무들을 가만두지 않았다. 아무리 눈을 크게 치켜떠 봐도 땅도, 하얀 석상도, 별채도, 나무들도 보이지 않았다. 별채가 있는 자리로 다가가며 경비를 두 번 불렀다. 대답이 없었다. 궂은 날씨를 피해 부엌이든 온실이든 어딘가에서 자는 게 분명했다.

'내가 용기를 갖고 마음먹은 대로 해낸대도,' 노인은 생각했다. '제일 먼저 용의자로 의심받을 사람은 경비가 될 거야.'

어둠 속에서 그는 조심조심 계단과 문을 지나 정원 별채 안으로 들어갔다. 그런 다음 좁은 통로를 비집고 지나가며 성냥을 켰다. 거기에는 그림자 하나 보이지 않았다. 시트도 깔리지 않은 누군가의 침대가 놓여 있었고 구석에는 불 꺼진 철제 난로가 있었다. 감방으로 이어진 문의 봉인은 풀리지 않았다.

성냥불이 꺼지자 노인은 초조함에 떨며 작은 창문 안을 보았다.

감방에는 촛불이 희미하게 타고 있었다. 죄수는 책상 옆에 앉아 있었다. 그저 그의 등, 머리카락, 손만 보였다. 책들이 책상과 두 개의 의자, 책상 옆 양탄자 위에 펼쳐진 채 흩어져 있었다.

오 분이 지났지만, 죄수는 미동도 없었다. 수감생활 십오 년에 꿈쩍도 안 하고 앉아 있는 법을 터득했나 싶었다. 은행가는 손가락으로 창문을 톡톡 두드렸지만, 죄수는 아무런 대꾸도 없었다. 은행가는 조심스럽게 봉인을 뜯어내고 자물쇠 구멍에 열쇠를 집어넣었다. 녹슨 자물쇠가 쉰 소리를, 문짝이 끼익하는 소리를 냈다. 은행가는 놀란 외마디 소리와 발걸음 소리가 날 것으로 예상했다. 삼 분가량이 지났지만, 방 저편은 좀 전과 다름없이 조용했다. 그는 안으로 들어가기로 마음먹었다. 책상 앞에는 겉모습만 봐도 여느 인간들과는 사뭇 다른 한 남자가 앉아 있었다. 살가죽과 뼈가 맞붙을 만큼 마른 골격에 곱슬머리는 여자처럼 길게 늘어져 있고 수염은 덥수룩한 남자의 몰골이었다. 낯빛은 누렇게 뜬 데다 흙색 음영이 져 있었고, 뺨은 움푹 들어가고, 등은 길고 가냘팠으며, 머리를 받치고 있는 손은 뼈와 가죽밖에 남지 않아서 보고 있기도 안쓰러웠다. 긴 머리카락은 일찌감치 희끗희끗해진 데다 얼굴마저 늙고 초췌해 보여 그를 보고 겨우 마흔밖에 안 되었다고 믿을 사람은 아무도 없을 터였다. 그가 고개를 떨구고 있는 책상 위에는 작은 손으로 뭐라 끄적여 놓은 종이가 놓여 있었다.

'가엾은 것!' 은행가는 생각했다. '자면서 아마도 백만장자가 되는 꿈을 꾸고 있겠지. 난 그저 빈사 상태에 빠진 저 인간을 침대 위로 데려가서 아주 잠깐 베개로 덮어 누르기만 하면 되는 거야. 아무리 철저히 조사한들 부자연스럽게 죽었다는 흔적을 찾아내긴 어려울걸. 하지만 먼저 그가 뭐라고 썼는지 읽어나 보자.'

은행가는 책상에서 종이를 집어들어 읽었다.

내일 자정이면 나는 자유와 사람들과 어울릴 권리를 얻게 될 것입니다. 하지만 이 방을 떠나 해를 보기 전에 나는 당신네에게 몇 마디 적을 필요가 있다고 생각했습니다. 내 맑은 양심과 나를 내려다보는 신 앞에서 당신들에게 공표하노니 나는 자유와 생명, 건강은 물론,

당신들 책에서 세상의 은총이라고 부르는 모든 것들을 경멸합니다.

지난 십오 년 동안 나는 세속적인 삶에 대해 부지런히 연구했습니다. 사실 나는 땅도, 사람들도 못 보았지만, 당신네 책을 통해 향기로운 술을 마셨고, 노래를 불렀고, 숲에서 사슴과 야생 멧돼지를 사냥했고, 여인들과 사랑에 빠지기도 했고…. 천재 시인들의 마법의 문장으로 탄생한, 하늘을 떠다니는 구름처럼 아름다운 여인들이 밤마다 나를 찾아와 경이로운 이야기를 속삭였고, 나는 이야기에 흠뻑 취했습니다. 당신네 책에서 나는 옐브루스와 몽블랑의 정상에 올라 거기서 아침에는 해가 떠오르는 장관을, 저녁에는 해가 하늘과 바다와 산 능선을 자주색으로 물들이는 장관을 보았습니다. 또한 내 위에서 번개가 번뜩이며 구름을 쪼개는 장면도 목격했습니다. 푸릇푸릇한 숲과 들판, 강과 호수, 도시들을 보았고, 사이렌의 노랫소리와 목양신의 피리 소리를 들었고, 신이 있는지 나에게 증명하라며 날아든 아름다운 악마의 날개도 만졌습니다…. 당신네 책에서 나는 끝 모를 심연에 몸을 던졌고, 기적을 행했고, 도시를 모조리 불태웠고, 새로운 종교를 설파했고, 온 나라를 정복했고….

당신네 책으로 나는 지혜를 얻었습니다. 인간이 지난 수 세기 동안 지치지 않고 생각해서 창조해 낸 모든 지혜가 내 두개골에 작은 혹으로 압축되어 있습니다. 나는 당신네 모두보다 더 현명하다는 것을 압니다.

또한 나는 당신네 책을, 말로 풀어 낸 모든 은총과 지혜를 경멸합니다. 모두 신기루처럼 공허하고, 깨지기 쉽고, 이미지일 뿐이고, 현혹적입니다. 당신들이 아무리 잘나고, 현명하고, 아름답더라도 죽음이 땅속의 쥐처럼 지구상에서 당신들을 흔적도 없이 갉아 없애 버릴 것입니다. 그리고 당신들의 후손, 당신들의 역사, 불멸의 천재들도 지구와 함께 불타 없어지고 용광로에 얼어붙은 찌꺼기처럼 재만 남을 것입니다.

당신들은 미쳤고 길을 잘못 들었습니다. 당신들은 진실 대신 거짓을, 아름다움 대신 추악함을 택합니다. 특정 조건에 따라 사과와 오렌지 나무에서 과일 대신 느닷없이 개구리와 도마뱀이 자라고, 장미에서 향기 대신 말의 땀내를 내뿜기 시작한다면 당신들은 놀라서 감탄할 것입니다. 나 역시도 에덴동산을 척박한 이 땅과 맞바꾼 당신들에게 기가 찰 따름입니다. 나는 당신들을 이해하고 싶지도 않습니다.

당신들의 생존 수단을 내가 얼마나 혐오하는지 보여 주고자, 한때는 천국을 안겨다 주리라 꿈꿨으나 지금은 경멸하는 이백만 루블을 포기합니다. 나는 이 합의금에 대한 권리를 스스로 박탈하고자 합의 기한 오 분 전에 이곳을 빠져나가 합의를 위반할 것입니다.

은행가는 다 읽고 나서 책상 위에 종이를 내려놓고, 이 기이한 남자의 머리에 입맞춤하고 울기 시작했다. 그는 별채를 나갔다. 그 어느 때도, 심지어 주식으로 돈을 다 날린 후에도, 지금처럼 자신이 혐오스러웠던 적은 없었다. 집으로 돌아와 침대에 누웠지만, 몸이 떨리고 눈물이 자꾸 나서 오랫동안 잠을 이루지 못했다….

다음 날 아침, 시퍼렇게 질린 경비가 그에게 달려와 별채에 살던 사람이 창문으로 빠져나와 정원으로 올라가는 것을 본 사람이 한둘이 아니라고 전했다. 그러고 나서 그는 대문 밖으로 나간 후 사라져 버렸다고 했다. 은행가는 하인들과 함께 즉시 별채로 가서 죄수의 탈출을 확인했다. 불필요한 소문을 피하고자 그는 책상에서 포기 각서를 집어 가지고 방으로 돌아와서는 그것을 금고에 넣고 잠갔다.

티푸스

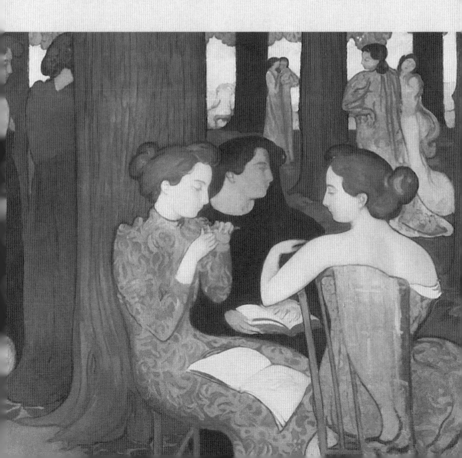

페트로그라드에서 모스크바로 향하는 우편 화차의 흡연 칸에 클리모프라는 젊은 중위가 앉아 있었다. 맞은편에는 선주처럼 머리를 빡빡 민, 부티가 꽉꽉 나는 핀란드나 스웨덴 사람으로 보이는 나이 든 남자가 앉아 있었다. 그는 가는 내내 파이프 담배를 태우며 한 얘기를 또 하고 있었다.

"하! 군인이로군요! 내 동생도 군인이라오. 하지만 해군 쪽이지. 크론시타트에서 복무 중이라오. 모스크바엔 무슨 일로 가시오?"

"부대가 거기 있습니다."

"하! 결혼은 했소?"

"아니요. 이모랑 누이와 삽니다."

"내 동생도 군인이지만, 결혼해서 아내도 있고 아이도 셋이나 된다오. 하!"

그 핀란드인은 뭔가에 놀란 표정을 지으며 '하'라는 외마디 소리와 함께 헤벌쭉 얼빠지게 웃다가 틈나는 대로 파이프 담배 연기를 뿜어 댔다. 클리모프는 몸이 썩 좋지 않았고, 일일이 대꾸할 기분도 아니라서 그를 보기만 해도 짜증이 났다. 마음 같아서는 파이프를 뺏어다가 바닥에 내동댕이친 다음 다른 칸으로 가라고 호통이라도 치고 싶었다.

'불쾌하기 짝이 없구먼. 핀란드인이나… 그리스인들이나.' 그는 생각했다. '아무짝에도 쓸모없고, 정나미 떨어지는 인간들…. 이 땅에 생전 도움도 안 될 사람들이 대체 왜 기어 나온 거야?'

핀란드인과 그리스인을 떠올리기만 해도 토가 나올 지경이었다. 그들이 얼마나 형편없는지 프랑스인이나 이탈리아인과 비교해 보려 했더니 막상 프랑스인과 이탈리아인 하면 떠오르는 게 거리의 오르간 연주자나 발가벗은 여자들, 이모네 장롱 위에 걸린 그 나라풍 석판화밖에 없었다.

젊은 중위는 온몸이 찌뿌둥했다. 좌석 하나를 독차지하고 있었지만, 팔다리를 뻗을 공간이 없는 것 같았다. 입은 건조하고 끈적거렸으며, 무겁고 희뿌연 생각들이 머릿속에서만 이리저리 떠도는 게 아니라 몸 밖으로 나와 좌석 사이와 어둠 속에서 다가오는 사람들 사이를 떠도는 것 같았다. 마치 꿈을 통과하듯 뇌의 소용돌이를 뚫고서 중얼거리는 목소리, 덜컥거리는 바퀴 소리, 문이 쾅쾅 닫히는 소리가 들렸다. 종소리, 차장의 호루라기 소리, 승강장에서 승객들이 부산 떠는 소리가 더욱 자주 들려왔다. 시간이 부지불식간에 얼마나 빠르게 지나가는지 기차가 일 분마다 역에 멈춰 서는 것 같았고, 그때마다 째진 소리가 들려왔다.

"우편물은?"

"적재 완료."

화부가 온도를 점검한답시고 너무 자주 들어오는 게 아닌가 싶었고, 다른 기차들이 쉴 새 없이 지나쳐 갈 때 그가 탄 기차는 항상 다리 위에서 굉음만 내는 것 같았다. 소음과 호루라기 소리, 핀란드인, 담배 연기, 이 모든 게 불길하게 움직이는 몽롱한 형태와 섞이며 견딜 수 없는 악몽처럼 클리모프를 짓눌렀다. 너무나 괴로워서 아픈 머리를 들어 올려 램프를 쳐다보았더니 불빛이 몽롱한 점들과 그림자들로 빙 둘러싸여 있었다. 그는 물 한 잔만 달라고 하고 싶었지만, 혀가 말라붙어 좀처럼 움직이지 않았고, 핀란드인의 질문에 대답할 힘도 남아 있지 않았다. 그는 자세를 바꿔 좀 더 편하게 누워 자고 싶었지만, 번번이 실패했다. 핀란드인은 졸다가 깨다가 담배 피우다가 '하!' 소리를 내며 그에게 말을 걸다가 다시 잠들기 일쑤였다. 중위는 여전히 의자 위에 다리 넣을 공간을 찾을 수 없었고, 오는 내내 불길한 형상들이 눈앞에 지나갔다.

스피로프 역에서 그는 물을 마시러 일어났다. 그는 식탁에 되는 대로 앉아 급히 식사하는 사람들을 보았다.

'어떻게 여기서 먹고들 있지?' 그런 생각을 하며 그는 고기 굽는 자욱한 냄새를 맡지 않고, 음식 씹는 입을 보지 않으려고 애썼다. 냄새를 맡고 먹는 장면을 보는 것만으로도 너무 역겹고 속이 메스꺼웠기 때문이다.

건강미 넘치는 여인이 빨간 모자를 쓴 군인과 이야기하던 중에 웃으며 당당히 하얀 치아를 드러냈다. 그녀의 미소, 그녀의 치아, 그 여인 자체의 인상에 클리모프는 고기 패티나 커틀릿과 다름없는 거부감이 들었다. 빨간 모자를 쓴 군인은 어떻게 하면 그녀 옆에 앉아서 건강하게 웃는 그녀의 얼굴을 아무런 거리낌도 없이 보고 있을 수 있는지 그는 도통 이해가 안 갔다.

그는 물을 좀 마시고 나서 자리로 돌아왔다. 핀란드인은 앉아서 담배를 피우고 있었다. 그의 파이프는 궂은 날씨에 구멍이 잔뜩 난 고무 덧신에서 나는 '꼴딱꼴딱' 하는 소리를 내며 숨을 빨아들였다.

"하!" 그가 놀라서 말했다. "여기가 무슨 역이오?"

"저도 잘 몰라요." 클리모프가 이렇게 말하며 누워서 독한 담배 연기를 마시지 않으려 입을 닫았다.

"트베르 역에는 언제 도착하려나?"

"모르겠어요. 실례지만 저는… 말하기가 힘드네요. 감기 기운이 있는지 몸이 좀 안 좋아서요."

핀란드인은 파이프를 창틀에 두드리며 해군이라던 동생 이야기를 하기 시작했다. 클리모프는 더는 귀 기울이지 않았다. 그저 포근하고 편한 그의 침대와 시원한 물 한 병, 그리고 그에게 이불

을 덮어 주며 푹 자도록 다독여 주던 누이 케이티 생각이 간절
했다. 잡역병 파벨이 단단히 묶인 그의 무거운 군화를 벗겨 주고
탁자에 물을 올려놓는 장면이 문득 뇌리를 스치자, 그의 입가에
미소가 번지기도 했다. 그의 침대에 눕고, 물만 좀 마시면 이 악
몽에서 벗어나 단잠을 잘 수 있을 것 같았다.

"우편물은?" 하는 소리가 멀리서 어렴풋이 들려왔다.

"적재 완료." 중저음이 창 바로 옆에서 크게 들렸다.

스피로프 역을 지나 두 번째 아니면 세 번째로 정차한 역이
었다.

시간은 빠르게 흘러 전속력으로 질주하는 것만 같았고 종소
리, 호각소리, 정차가 끝없이 반복되고 있었다. 클리모프는 자포
자기하여 등받이 끄트머리에 얼굴을 대고 손으로 머리를 받치
며 여동생 케이티와 잡역병 파벨을 다시 생각했다. 하지만 여동
생과 잡역병은 희미한 얼굴들과 마구 섞여 소용돌이치더니 사라
져 버렸다. 등받이에 대고 뿜었던 날숨이 그의 얼굴을 되치며 후
끈 달아오르게 하고, 다리가 쿡쿡 쑤시고, 창틈으로 새어 든 찬
바람이 그의 등짝에 몰아쳤지만, 등이 에이긴 해도 자세를 바꿀
엄두가 안 났고… 무겁고 메스꺼운 마비 증세가 스멀스멀 올라오
더니 그의 팔다리를 동여맸다.

한참 만에 고개를 들었을 때 객차 안은 꽤 밝았다. 승객들은
외투를 입고 이동하고 있었다. 기차가 멈췄다. 흰색 앞치마를 두
르고 번호판을 부착한 짐꾼들이 승객 주변을 분주히 다니며 그

들의 짐가방을 집어 들었다. 클리모프는 그레이트코트를 주섬 주섬 챙겨 입고 기차에서 내렸다. 걷고 있는 사람이 그가 아닌, 다른 누구, 모르는 사람인 것 같았다. 또 기차의 열기, 갈증, 밤새 잠을 방해했던 불길하고 음울한 형상들이 그를 내내 따라다니는 것만 같았다. 그는 무의식적으로 짐을 들고 마차를 불러 세웠다. 마부가 포바르스카 거리까지 가는데 1루블 하고도 25코페이카를 더 불렀지만, 그는 흥정하지 않고 순순히 뒷좌석에 앉았다. 요금 차가 난다고 인지했지만, 지금 돈 그까짓 게 대수가 아니었다.

집에 가니 이모랑 열여덟 살 된 누이 케이티가 클리모프를 맞았다. 그는 케이티의 손에 연습장과 연필이 들린 것을 보고 동생이 임용고시를 준비하고 있다고 했던 게 기억났다. 식구들의 인사도, 질문도 들은 척 만 척하고, 열 때문에 가쁜 숨을 쉬며 정처 없이 다른 방들을 지나 제 방에 도착하자마자 침대에 털썩 엎드렸다. 핀란드인, 빨간 모자, 하얀 치아의 여인, 구운 고기 냄새, 램프 안에서 움직이는 점 들에 정신을 온통 빼앗긴 채 의식을 잃었고, 그를 에워싼 겁에 질린 목소리들을 분간할 수 없었다.

그가 정신을 차려 보니 옷을 벗은 채 침대에서 누워 있었고, 물병과 파벨도 보았지만, 그렇다고 상태가 좋아지거나 한결 편안해진 것도 아니었다. 팔다리는 전과 마찬가지로 뻣뻣했고, 혀는 입천장에 딱 달라붙었고, 핀란드인의 파이프가 끽끽거리는 소리는 계속 났다…. 침대 옆에서는 널찍한 파벨의 등짝으로도 채 가려지지 않을 것 같은 검은 턱수염에 살집 있는 의사가 분주히 움직이고 있었다.

"좋아, 좋아요, 젊은 친구." 그가 중얼거렸다. "참 잘했네, 잘했어…. 고대로 있어요, 고대로…. "

의사는 클리모프를 '젊은 친구'라고 불렀다. '그대로'라고 하는 대신 '고대로'라고 했고, '그래' 대신 '그랴'라고 했다.

"그랴, 그랴, 그랴." 그가 말했다. "고대로 있어, 고대로…. 기죽을 거 없어!"

빠르고 경솔한 언행, 번드르르한 얼굴, '젊은 친구'라며 아랫사람 다루듯이 대하는 말투가 클리모프의 심기를 건드렸다.

"왜 저더러 '젊은 친구'라고 부릅니까?" 그가 불만을 호소했다. "언제 봤다고 친한 척이에요, 네?"

그렇게 말은 했지만, 그는 자신의 목소리에 기겁했다. 좀처럼 알아듣기 어려울 만큼 건조하고 약하고 텅 빈 소리였다.

"아주 좋아, 아주." 의사는 전혀 기분 상하지 않았다는 듯 중얼거렸다. "그랴, 그랴. 성질부리면 쓰나."

집에서도 기차에서와 마찬가지로 시간은 쏜살같이 흘러갔고…. 침실을 비추던 아침 햇살은 시시때때로… 어두침침한 저물녘으로 바뀌어 있곤 했다. 의사는 침대 옆을 떠난 적이 없었던 건지 '그랴, 그랴, 그랴'라는 소리가 매 순간 들려왔다. 파벨, 핀란드인, 타로셰비치 대위, 막시멘코 상사, 빨간 모자, 하얀 치아의 여인, 의사 등 아는 얼굴들이 쉴 새 없이 방을 드나들었다. 모두 한마디씩 거들고, 손을 흔들고, 담배를 피우고, 음식을 먹었다. 한번은 대낮에 그 연대의 담당 사제인 알렉산더 신부가 제의 차림에 양손에 성체를 들고 침대 옆에 서서 클리모프가 전에 한 번도 본 적 없는 그런 심각한 표정을 하고는 뭔가를 중얼거리고 있었다. 중위는 알렉산더 신부가 모든 가톨릭 사관을 폴란드 놈들이라고 부르곤 했던 게 기억이 나서 사제를 웃겨 볼 요량으로 소리쳤다.

"신부님, 폴란드 놈 타로셰비치가 숲으로 줄행랑쳤어요."

하지만 평소에 밝고 낙천적이던 알렉산더 신부는 웃음기 하나 없는 한층 더 심각한 얼굴로 클리모프 위로 성호를 그었다. 밤에 두 개의 그림자가 번갈아 가며 천천히 살금살금 들어왔다 나가곤 했다. 이모와 여동생이었다. 여동생의 그림자는 무릎을 꿇고 기도를 드리곤 했다. 여동생이 성상에 절을 하면, 벽 위의 회색 그림자도 절을 하니 두 개의 그림자가 신에게 기도를 올린 셈이었다. 그리고 매번 고기 굽는 냄새와 핀란드인의 담배 냄새가 났지만, 이번만은 색다른 독특한 향내가 감지되었다. 클리모프는 토가 나올 것만 같아 소리쳤다.

"향! 저 향 좀 치워 줘."

답변이 없었다. 사제들이 저음으로 경을 읊는 소리와 누군가 계단을 분주히 오가는 소리만 들렸다.

클리모프가 정신착란 증상에서 회복되었을 때 침실에는 아무도 없었다. 아침 햇살이 창문과 드리워진 커튼을 뚫고 들어와 너

울거리고 있었고, 칼날처럼 가늘고 예리하게 떨리는 빛줄기가 물병 위에서 연주하고 있었다. 덜컹거리는 바퀴 소리도 나는 걸 보니 거리에 쌓인 눈이 다 녹은 것 같았다. 중위는 햇빛과 익숙한 가구와 문을 보고는 무엇보다 맨 먼저 웃고 싶어졌다. 그의 가슴과 배는 달콤하고 행복하고 간질거리는 웃음이 터지면서 떨렸다. 머리부터 발끝까지 온몸이 무한한 행복감으로 가득 차 있었다. 최초의 인간이 생전 처음으로 일어나 세상을 바라봤을 때 느꼈던 감정이 바로 이런 것이지 싶었다. 클리모프는 사람들이 사무치게 그리웠고 당장에 몸을 움직이고 누군가와 대화를 나누고 싶었다. 몸은 꿈쩍도 하지 않고 겨우 손만 움직여 볼 수 있었지만, 작은 것들에 온통 마음을 쏟고 있던 터라 전혀 알아채지 못했다. 숨을 쉬고 웃고 있다는 게 기뻤다. 물병, 천장, 햇살, 커튼의 리본이 있다는 게 기뻤다. 침실이라는 비좁은 공간만 보더라도 신이 창조한 세계가 얼마나 아름답고 다채롭고 위대한가 싶었다. 의사를 보자 중위는 의사의 처방 약이 얼마나 훌륭했는지, 환자 마음을 잘 다독이는 얼마나 훌륭한 의사였는지, 전체적으로 얼마나 좋고 재미있는 사람들이었는지 돌이켜 보았다.

"그랴, 그랴, 그랴." 의사가 말했다. "아주 좋아, 좋아. 이제 다시 좋아질 거야. 그렇게, 그렇게."

중위는 기분 좋게 웃었다. 핀란드인과 하얀 치아의 여인과 기차 생각이 나자, 식욕도 생기고 담배도 피우고 싶어졌다.

"의사 선생님," 그가 말했다. "호밀빵이랑 소금, 정어리… 좀 가져다달라고 해 주세요."

의사는 거절했다. 파벨도 그의 명령을 따르지 않고 빵을 가지러 가지 않았다. 중위는 못 참고 제 맘대로 안 돼서 화난 아이처럼 떼를 쓰며 울기 시작했다.

"아이고, 우리 아기." 의사가 웃었다. "엄마! 애 좀 달래 보소!"

클리모프는 웃기 시작했고 의사가 가고 나자 잠이 깊이 들었다. 아까처럼 즐겁고 행복한 기분으로 잠에서 깼다. 이모가 침대 옆에 앉아 있었다.

"오, 이모!" 그는 매우 행복했다. "나한테 무슨 일이 있었던 거예요?"

"티푸스였단다."

"어쩐지! 그런데 이제 괜찮아요. 꽤 좋아졌어요! 케이티는 어디 있어요?"

"그 애는 집에 없어. 시험 보고 나서 누군가 만나러 갔나 봐."

이모는 이렇게 말하며 양말 쪽으로 몸을 숙였다. 입술을 떨기 시작했고 얼굴을 돌리더니 갑자기 흐느끼기 시작했다. 슬픔에 빠져 의사의 당부도 잊어버린 채 소리 내 울었다.

"오! 케이티, 케이티! 우리 천사가 우리 곁을 떠나갔어! 가 버렸어!"

그녀는 양말을 떨어뜨렸고, 주우려고 몸을 굽히자, 머리에서 모자가 떨어졌다. 클리모프는 이모의 희끗희끗한 머리를 빤히 보면서 무슨 상황인지 이해가 안 됐고, 갑자기 케이티에게 무슨 일이 있나 싶어 이모에게 물었다.

"그래서 어딨는데요, 이모?"

클리모프의 몸 상태에 대해서는 이미 까먹고 복받치는 슬픈 기억만 남은 노인은 그만 실토하고 말았다.

"그 앤 너한테 티푸스가 옮았단다. 그리고… 그리고 죽었어. 그제 묻고 왔단다."

이 갑작스러운 비보가 클리모프의 가슴에 뼈저리게 와닿았다. 무시무시하고 충격적인 소식이었지만, 그래도 갓 회복하면서 자기도 모르게 드는 들썩거리는 기분까지는 누그러뜨리지 못했다. 그는 울다가 웃다가 이내 먹을 것을 하나도 갖다주지 않았다며 불평하기 시작했다.

일주일 만에 파벨의 부축을 받으며 그는 실내복 차림으로 창까지 걸어가서 잿빛 봄날 하늘을 보고, 화물 열차 위에 실린 낡은 레일이 심하게 덜컹거리는 소리를 들었다. 그러자 슬픔으로 마음이 아려 왔고, 눈물이 솟구치기 시작하자 창틀에 이마를 갖다 댔다.

"아, 나는 왜 이리 불행한 거야!" 그가 중얼거렸다. "제길, 왜 이토록 불행한 거냐고!"

그리고 기쁨은 가고 습관적인 피로와 돌이킬 수 없는 상실감이 안착했다.

주교

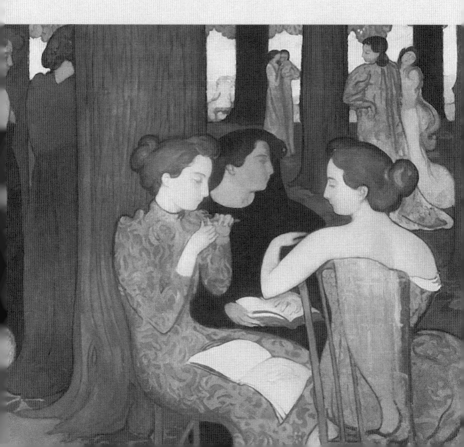

1

저녁 미사는 구舊 페트로브스키 수녀원에서 주관하는 종려
주일* 전야제 행사였다. 종려나무 가지를 나눠 주기 시작했을
때에는 이미 밤 열 시에 가까웠고, 초 심지는 거의 다 타들어 가
서 불빛이 흐릿하니 모든 게 희뿌연 안개 속에 있는 듯했다. 황
혼 녘 교회는 신도들로 인산인해를 이루었고, 지난 사흘 내내
몸이 좋지 않았던 표트르 주교 눈에는 종려나무 가지를 받으러
나온 사람들의 표정이 한결같아서인지 남녀노소 할 것 없이 얼
굴이 다 엇비슷해 보였다. 시야가 희뿌옇다 보니 출입문이 안 보
였는데, 사람들은 어디서 그렇게 끝도 없이 밀려드나 싶었다. 여

* 종려 주일: 부활절 직전 일요일.

성 성가대는 합창하고 있었고, 수녀가 그날의 기도문을 읊고 있었다.

얼마나 숨이 막히고 더웠던지! 미사는 또 왜 이리 긴지! 표트르 주교는 지쳤다. 호흡이 가빠졌고, 목은 바짝바짝 타들어 가고, 어찌나 피곤한지 어깨는 쿡쿡 쑤시고, 다리는 후들거렸다. 광신도가 회랑에서 이따금 새된 소리로 부르짖을 때마다 그 소리가 여간 거슬리는 게 아니었다. 그런데 느닷없이, 이게 꿈인지 환각인지 싶게, 지난 구 년 동안이나 보지 못했던 자신의 어머니 마리야 티모페브나, 아니면 어머니를 빼닮은 한 노파가 군중을 헤치고 그에게 다가오는 게 아닌가. 그에게 종려나무 가지를 받고 나서 군중 속으로 유유히 사라지기 전까지 그녀는 내내 반갑게 웃으며 따뜻한 눈길로 그를 바라보았다. 그러자 무슨 이유에서인지 눈물이 그의 얼굴을 타고 흘러내렸다. 마음은 평온했고, 나무랄 데 없이 좋았는데도, 그는 고개를 왼쪽으로 돌려 성가대를, 기도문이 낭독되던 곳을, 밤 어스름에 누가 누군지 몰랐음에도 그쪽만 뚫어지게 바라보다가 그만—울고 말았다. 그의 얼굴과 턱수염에서 눈물이 반짝거렸다. 가까운 곳에서 누군가가 울더니 좀 더 떨어진 곳에서도 울고, 여기저기서 조금씩 훌쩍이더니 조용히 흐느끼는 소리가 교회를 메웠다. 그리고 얼마 후, 불과 오 분도 안 돼서, 수녀 성가대가 성가를 부르자 울음소리는 멎었고 모든 것은 이전으로 되돌아갔다.

이내 미사가 끝났다. 주교가 귀가하려고 마차에 올라탔을 때

묵직하고 사치스러운 종들이 만들어 내는 경쾌한 화음이 달빛 정원을 가득 채웠다. 하얀 벽들, 무덤 위의 하얀 십자가들, 하얀 자작나무와 그들의 검은 그림자, 수녀원 바로 위로 높이 뜬 달은 사람들과는 다른, 이해할 수 없는 존재들이어도 사람들 아주 가까이에서 저마다의 삶을 사는 것만 같았다. 사월 초라 따뜻한 봄볕이 지고 나면 날이 제법 쌀쌀해져서 서리가 얇게 내릴 정도였지만, 부드럽고 차가운 공기에서도 봄의 숨결이 묻어났다. 수녀원에서 마을로 가는 길은 모래밭이라 말들은 속도를 못 내고 걸어가야 했다. 마차 양쪽으로는 신도들이 밝고 평온한 달빛을 받으며 모래밭을 지나 교회에서 집으로 터벅터벅 걸어가고 있었다. 모두 조용히 상념에 잠겼다. 주변의 모든 것들, 나무들, 하늘, 심지어 달까지도 모두 다정하고, 활기차고, 친근해 보였고, 늘 그럴 것으로 믿고 싶었다.

마침내 마차는 읍내로 들어와 큰길을 따라 덜커덕거리며 지나갔다. 상점들은 이미 문을 닫았지만, 대부호 에라킨이 운영하는 상점은 새 전등을 시험 삼아 켜 보느라 환하게 깜빡거렸고, 주변에는 사람들이 모여 있었다. 거기를 지나니 넓고 어둑어둑하며, 아무도 안 다니는 길이 하나둘 이어졌고, 언덕길과 탁 트인 시골길이 나오더니 솔 향기가 훅 끼쳤다. 그러더니 갑자기 주교의 눈앞에 하얀 성벽이 솟았고, 그 뒤로는 달빛을 잔뜩 머금은 높은 종탑이 보였고, 그 옆으로는 다섯 개의 반짝이는 황금색 돔 지붕이 나왔다. 표트르 주교가 지내는 판크라티예프스키 수도원이었다. 그리고 수도원 위에도 조용하고 꿈결 같은 달이 높이 떠 있었다. 마차는 모래를 으스러뜨리며 정문으로 들어갔다. 달빛 아래 여기저기서 어두운 수사들의 모습이 어렴풋이 보였고… 판돌 위를 걷는 발걸음 소리가 들렸다.

"저기, 주교님이 나가 계시는 동안 주교님 어머님이 오셨습니다." 주교가 그의 방으로 들어갈 때 평수사平修士가 알려 주었다.

"어머님이? 언제 오셨는가?"

"저녁 미사 직전입니다. 주교님이 어디 계시는지 물으시고는 수녀원으로 향하셨습니다."

"그렇다면 방금 성당에서 뵌 분이 정말 어머니였어! 오, 주여!" 주교는 기쁜 마음에 웃음이 났다.

"주교님께 전해 달라고 하셨습니다." 평수사가 말을 이어 갔다. "내일 찾아뵙겠다고요. 어린애도 함께 왔습니다. 제 생각에 손녀 같았어요. 오늘 밤은 오프샤니코프 여관에서 묵고 계십니다."

"지금이 몇 시인가?"

"열한 시가 조금 지났습니다."

"이런, 하필!"

주교는 못내 아쉬운 듯 머뭇거리며 응접실에 잠시 앉았다. 팔다리가 뻐근하고 머리는 쑤셨다. 덥고 찌뿌둥했다. 조금 쉬었다가 침실로 들어갔지만, 거기서도 앉아서 어머니 생각을 했다. 평수사가 나가는 소리, 뒤이어 시소이 신부가 벽 너머에서 기침하는 소리가 났다. 십오 분을 알리는 수도원 종이 울렸다.

주교는 옷을 갈아입고 자기 전에 기도문을 읽기 시작했다. 오랫동안 읊어 온 길고 친숙한 기도문을 주의 깊게 읽으면서도 동시에 어머니를 생각했다. 그의 어머니는 아홉 자녀에 마흔여 명의 손주가 있었다. 일찍이 가난한 마을에서 부제副祭인 남편과 열일곱에 결혼하여 예순까지 긴 세월을 동고동락했다. 주교는 거의 세 살 때부터 어머니에 대한 기억을 간직하고 있었다. 어릴 적부터 어머니를 얼마나 좋아했던가! 달콤하고 소중한 어린 시절은 항상 애틋한 기억으로 남아 있었다! 다시 돌아갈 수 없는 옛 시절은 어째서 실제보다 더 환하고, 더 풍성하고, 더 활기차 보이는 걸까? 어릴 때나 자라고 나서나 그가 아프기라도 하면 어머니는 얼마나 자상하게 달래 가며 아픈 데를 어루만져 주셨던가! 이제 그의 기도문은 불꽃처럼 점점 더 밝게 빛나는 추억들과 섞여 버렸고, 기도문을 읊어 대도 어머니 생각을 멈출 수는 없었다.

기도를 마치고 옷을 벗고 누웠는데, 방 안이 어두컴컴해지자마자 돌아가신 아버지와 어머니, 고향 마을 레소폴리예… 삐걱대는 바퀴, 양 울음소리, 환한 여름 아침의 교회 종소리, 창문 아래 집시들이 떠올랐다. 생각만 해도 얼마나 달콤한지! 그는 온화하고 친절한 레소폴리예 마을의 사제 시메온 신부가 떠올랐다. 그는 마르고 키가 작았지만, 신학생이었던 그의 아들은 거구에다가 내리깐 목소리도 어찌나 걸걸했던지…. 신부의 아들은 요리사에게 버럭 화부터 내며 "아, 이 예흿 당나귀 같으니!"라며 욕을 해 댔다. 시메온 신부는 이를 다 엿듣고도 혼도 못 내고, 성경 어느 구절에 그런 당나귀가 나오는지 기억이 안 난다며 창피해하기만 했다. 레소폴리예의 차기 사제는 데미얀 신부였다. 그는 과음을 일삼고 때로 초록뱀이 어른거릴 때까지 술을 마셔 댔기에 뱀잡이 데미얀이라는 별명까지 얻었다. 레소폴리예 마을 교장 마트베이 니콜라이치는 신학교 출신으로 친절하고 아는 것도 많았지만, 그 역시 술고래였다. 그는 학생들을 때린 적은 없었지만, 어떤 이유에서인지 항상 자작나무 회초리 여러 개를 벽에 매달아 두었고, 그 아래에는 엉터리 라틴어로 '아이들 치료에는 회초리가 직방이다.'라고 새겨 두었는데…. 그리고 털북숭이 검은 개를 길렀다. 개 이름이 '통사론'이라나.

주교는 웃음이 났다. 레소폴리예에서 약 10킬로미터 떨어진 곳에 기적의 성상이 있는 오브니노라는 마을이 있었다. 여름에 오브니노 마을 사람들은 성상을 들고 이 마을에서 저 마을로 이웃 마을을 순례하며 온종일 종을 울리곤 했다. 파블루샤로 불리던 어린 시절, 주교는 공기 중에 울려 퍼지는 기쁨의 진동을 고스란히 만끽하고, 순수한 믿음에 이끌려 맨발에 모자도 안 쓰고 천진난만하게 웃으며 행복에 겨워 마냥 성상을 따라다니곤 했는데, 지금 생각해 보니 오브니노 마을은 늘 사람들로 북적였다. 마을 사제인 알렉세이 신부는 미사 시간 절약을 위해 건강이나 영혼의 평화를 위한 기도를 청원한 이들은 청각장

애가 있는 조카 일라리온에게 호명하게 했고, 이따금 5코페니카에서 10코페니카를 쥐어 주곤 했다. 일라리온은 희끗희끗한 머리마저 다 빠져 버린 말년에 이르러서야 어느 날 종이를 들춰 보다 문득 "일라리온, 너 정말 바보구나."라고 쓰인 종이를 보았다. 뭐, 파블루샤도 열다섯 살까지는 공부를 썩 잘하지도, 그렇다고 열심히 하지도 않았다. 오죽하면 부모가 신학교를 관두고 일자리를 알아보라고 해야 하나, 라는 생각까지 했겠나. 그래서였을까. 파블루샤가 어느 날 편지를 부치러 오브니노의 우체국에 갔다가 거기서 일하는 직원을 한참 쳐다보고는 이렇게 물은 적이 있었다. "실례지만 급료를 달마다 받는지, 날마다 받는지 여쭤봐도 될까요?"

주교는 성호를 긋고 반대편으로 돌아 누우며 그만 생각하고 자려고 애썼다.

"어머니가 오셨어." 그 생각에 그의 입가에 미소가 번졌다.

달빛이 창문 안까지 들어오니 바닥이 환해지며 그림자도 생겼다. 귀뚜라미 한 마리가 울어 대고 있었다. 옆방에서 시소이 신부의 코 고는 소리가 벽을 타고 넘어왔는데, 그 해묵은 코골이 소리에 외로움과 쓸쓸함이 묻어났고 심지어 방랑벽도 느껴졌다. 시소이 신부는 한때 교구 주교의 사무장으로 일한 바 있었기에, 지금도 '사무장 신부'로 불렸다. 올해 일흔인 그는 읍내에서 약 20킬로미터 떨어진 수도원에 살고 있었지만, 가끔 읍내에서 지내기도 했다. 그는 사흘 전에 판크라티에프스키 수도원으로 왔고, 주교는 시간 날 때마다 그에게 수도원 사무며 관리 문제를 논해 볼 요량으로 그를 붙들었는데….

한 시 반이 되자 새벽 기도를 알리는 종이 울렸다. 시소이 신부의 기침 소리, 불만스러운 투로 뭔가 중얼거리는 소리, 일어나 맨발로 방을 걸어 다니는 소리가 들렸다. "시소이 신부님." 주교가 불렀다. 시소이는 그의 방으로 돌아가 잠시 후 양초를 들고 장화를 신고 나타났다. 그는 속옷 위에 사제복을 입고 머리 위에 낡고 바랜 사제모를 쓰고 있었다. "잠이 안 오네요." 주교가 일어나 앉으며 말했다. "몸이 안 좋은가 봅니다. 왜 그런지는 모르겠는데, 열이 나네요!"

"감기에 걸렸나 봅니다, 주교님. 그럴 때는 양초 기름으로 문질러야 해요." 시소이가 약간 참나 싶더니 결국 하품을 했다. "오, 주여, 이 죄인을 용서하소서."

"오늘 에라킨 상점에는 전등이 켜져 있던데." 그가 말했다. "정말이지 맘에 안 들어요!"

늙고 구부정한 시소이 신부는 늘 뭔가 불만에 차 있었고, 게 눈처럼 튀어나온 눈에는 화가 가득했다.

"꼴도 보기 싫어요." 그가 자리를 뜨며 말했다. "맘에 드는 구석이 하나도 없어!"

2

　다음 날 종려 주일에 주교는 읍내 대성당에서 미사를 집전하고, 교구 주교를 방문하고, 병세가 위중한, 장군이었던 남편을 잃은 늙은 과부를 위문하고 나서야 마침내 집으로 돌아왔다. 한 시에서 두 시 사이에 반가운 손님들—어머니와 여덟 살 난 조카 카티야—과 함께 식사했다. 식사 내내 봄볕이 유리창으로 들어와 하얀 식탁보와 카티야의 붉은 머리카락에 환한 빛을 뿌렸다. 정원에서 노래하는 찌르레기와 울부짖는 떼까마귀 소리는 창문에 덧문까지 닫았는데도 뚫고 들어왔다.

　"못 본 지 어느덧 구 년이나 흘렀네요." 노부인이 말했다. "어제 수도원에서 주교님을 봤는데, 세상에 하나도 안 변했더군요. 좀 수척해지고 수염이 자란 것만 빼면요. 천상에 계신 성모마리아님! 어젯밤 미사에서는 다들 눈물을 터뜨리고야 말았죠. 저도 주교님을 바라보다 보니 이유는 모르겠지만 갑자기 눈물이 나오데요. 주님 뜻이겠죠!"

　이 말을 하는 그녀의 목소리에는 애정이 묻어났지만, 그는 그녀가 자신을 공적으로 대해야 할지 친근하게 대해야 할지, 웃어야 할지 말아야 할지 망설이며 긴장하는 게 보였다. 또한 본인을 주교의 어머니라기보다 부제의 미망인으로만 보는 것 같았다. 카티야는 삼촌이 어떤 부류의 인간인지 알아내고야 말겠다는 듯이 눈 하나 깜빡이지 않고 주교를 바라보았다. 빗 핀으로 고정하고 벨벳 리본으로 묶은 머리카락 일부가 삐져나와 후광처럼 두 드러져 보였고, 들창코에다, 눈에는 장난기가 가득했다. 아이는 식사 자리에 앉기도 전부터 유리를 깨뜨렸기에 아이 할머니는 대화하면서도 우선 술잔부터 카티야 손이 안 닿는 곳으로 치운 다음, 텀블러도 다 옮겨 놨다. 주교는 어머니 말씀을 들으며 아주 오래전에 어머니가 그와 그의 형제자매를 데리고 형편이 좋아 보이는 친척들을 방문하곤 했던 게 기억났다. 그 당시에는 자식들 돌보느라 여념이 없으시더니 이제는 손주들 돌볼 차례구나 싶었다. 그래서 카티야도 같이 온 거겠지….

"주교님 여동생 바렌카는 자식이 넷이에요." 그녀가 그에게 말 했다. "여기 카티야가 맏이랍니다. 주교님 매제 되는 이반 신부님 은 투병하던 중 성모승천일을 사흘 앞두고 세상을 하직했지요. 오, 주여! 불쌍한 바렌카는 나앉게 생겼어요."

"니카노르는 어떻게 지내나요?" 주교가 맏형의 안부를 물었다.

"별 탈 없이 지내요. 주여, 감사합니다. 넉넉하진 않아도 그럭저 럭 살아갈 만하답니다. 아들이자 내 손주 니콜라샤는 신학교는 됐고, 의사가 되겠다며 대학에 진학했지요. 손주 말로는 그게 더 낫다는데 누가 알겠요, 주님의 뜻을!"

"니콜라샤는 죽은 사람들 몸을 가른대요." 카티야는 말하다가 무릎에 물을 쏟고 말았다.

"얌전히 앉아 있어, 아가." 아이 할머니는 차분하게 아이 손에 서 잔을 가져갔다. "기도하고 먹으렴."

"대체 못 뵌 지 얼마나 오래된 거예요!" 주교가 말하며 부드럽게 어머니의 손과 어깨를 쓰다듬었다. "외국에 있는데 어머니가 너무 보고 싶더라고요. 정말 사무치게 그리웠어요."

"고맙습니다."

"저녁에 창문을 열고 홀로 외롭게 앉아 있곤 했어요. 종종 음악 연주도 들렸고요. 그러면 어느 순간 향수병이 도지면서 다 집어치우고 어머니 뵈러 집에 가고 싶다는 생각만 들더군요."

그의 어머니는 밝게 미소를 짓더니 이내 진지한 표정으로 바뀌었다.

"고맙습니다."

그는 돌연 기분이 착잡했다. 어머니를 보며 어쩜 그렇게 아들에게 공손히 대하고, 뭐가 두려워 아들 눈도 못 마주치는지 도통 이해가 가지 않았다. 왜 그러시는지 도무지 어머니의 심중을 알 수가 없었다. 슬프기도 하고 짜증도 났다. 그러더니 요전 날처럼 머리가 아팠고, 다리가 몹시 저렸고, 생선 요리가 상한 것도 같고 맛도 없어 보였다. ⋯ 내내 갈증만 났다.

식사 후에 부유한 여자 지주 두 명이 수도원에 들러서 한 시간 반가량을 말도 없이 굳은 표정으로 앉아 있다 갔다. 그런 다음 과묵하고, 귀가 어두운 수도원장이 업무와 관련해서 그를 찾아왔다. 그러고 나니 저녁 기도 시간을 알리는 종이 울렸다. 해는 어느새 숲 저 너머로 저물고 낮이 가 버렸다. 교회에서 돌아오자 그는 서둘러 기도하고 나서 침대에 누워 몸을 어떻게든 따뜻하게 감쌌다.

아까 먹었던 생선 요리를 떠올리니 불쾌했다. 달빛에 마음이 심란하던 차에 두런두런 말소리가 들려왔다. 인접한 방, 아마도 응접실에서 시소이 신부가 정치 얘기를 하고 있는 것 같았다.

"지금 일본인들 사이에서 전쟁이 났답니다. 서로 싸우고 있다고요. 일본인들은, 글쎄, 몬테네그로인 정도로 보면 돼요. 둘은 같은 족속입니다. 다 터키 놈들한테 지배받았지요."

그때 마리야 티모페브나의 목소리가 들렸다.

"그러니까, 기도문을 읊고 차를 마신 다음, 예고르 신부님, 아시죠? 노보카트노예에 계신, 그 신부님께 갔죠. 그러고 나서…"

그녀는 '차를 마셨다'고 했다가 '차를 들었다'고 했다가 마치 인생에서 했던 유일한 일이 차 마시는 것뿐인 양 노상 차 얘기만 반복했다.

주교는 나른한 기분으로 신학교와 학술원 시절을 하나하나 회상했다. 삼 년 동안 신학교에서 그리스어를 가르쳤고, 당시에도 안경 없이는 책을 읽을 수 없을 정도였다. 그런 다음 수사가 되었다가 장학사가 되었다. 그러고 나서 학위 논문을 썼고, 나이 서른둘에 신학교 교장이 되었다가 수도원장으로 임명되었다. 그때만 해도 인생이 술술 잘 풀리고 즐거웠는데, 인생이 너무 길어서 끝날 것 같지 않았는데, 그러다가 병이 들었고, 삐쩍 마르고 눈뜬장님이 되고 나서야 의사들 조언에 따라 다 접고 외국으로 요양을 갔다.

"그러고 나서는요?" 옆방에서 시소이가 물었다.

"그러고 나서 우리는 차를 마셨고요…" 마리야 티모페브나가 대답했다.

"이야, 초록색 수염이잖아." 카티야가 난데없이 놀라서 그렇게 말하고는 웃었다.

주교는 머리가 희끗희끗한 시소이 신부의 턱에 정말로 녹색을 띠는 수염이 있다는 것을 기억하고는 따라 웃었다.

"주여, 자비를 베푸소서. 이런 소녀를 어떻게 참아야 하오리까!" 시소이는 화가 나서 큰 소리로 말했다. "버릇없긴! 잠자코 앉아 있어!"

주교는 외국에 사는 동안 미사를 집전했던 새하얀 교회를 떠올렸다. 따뜻한 바닷바람 소리도 기억났다. 그의 숙소는 천장도 높고 밝은 방이 다섯 개나 있었다. 서재에는 새 책상도 갖춰져 있었고 책도 참 많았다. 그는 책에 파묻혀 살고 때로 집필도 했다. 그리고 얼마나 고국이 그리워 애가 탔던지, 눈먼 여자 거지가 창문 아래서 매일 기타를 치며 사랑 노래를 부를 때면 노래를 듣다가도 왠지 모르게 옛 시절이 사무치게 그리워졌다. 하지만 그렇게 팔 년이 가고 다시 러시아의 부름을 받아 이제 부주교로 재임되었다. 모든 과거가 마치 꿈이었던 것처럼… 안개 속으로 저 멀리 뒷걸음쳤다.

시소이 신부가 초 하나를 들고 침실로 들어왔다.

"저기!" 그가 의아해하며 물었다. "벌써 주무십니까, 주교님?"

"무슨 일이죠?"

"아, 아직 이른 밤이라, 열 시 정도밖에 안 돼서요. 오늘 초를 하나 샀습니다. 양초 기름을 발라 드리려고요."

"열이 좀 나고…." 주교가 말하면서 일어났다. "뭐라도 먹든지 해야겠어요. 머리가 아파서…."

시소이는 주교의 셔츠를 벗기고, 그의 가슴과 등을 양초 기름으로 문대기 시작했다.

"그렇죠…. 바로 그거예요…." 그가 말했다. "주 예수 그리스도… 그거예요. 오늘 읍내까지 걸어갔어요. 이름이 뭐더라… 사제장 시돈스키 집에 들러서… 그와 차를 마셨어요. 그 사람 맘에 안 들어요. 주 예수 그리스도… 그렇죠. 그가 영 싫더라고요."

3

연로하고 뚱뚱한 교구 주교는 류머티즘인지 통풍인지에 걸려 한 달이 넘도록 몸져누워 있었다. 표트르 주교는 하루가 멀다고 병문안을 와서, 교구 주교에게 도움을 청하러 온 모든 신도를 돌봤다. 이제는 본인도 몸이 좋지 않다 보니 문득 신도들의 청탁이나 눈물까지 흘리는 사연들도 다 부질없고 하찮게만 보였다. 그들의 무지와 소심함에 짜증도 났다. 하찮고 사소한 일들이라도 한꺼번에 밀려들다 보니 숨이 턱 막혀 왔다. 그러다 보니 젊은 시절 한때 '자유 의지의 교리'라는 거창한 글도 썼건만, 이제는 자질구레한 일들에 파묻혀 다 까먹었는지 신앙은 안중에도 없어 보이는 교구 주교를 이해할 것도 같았다. 아무래도 외국에 나가 있는 동안 러시아의 삶과는 동떨어져 있었기 때문인지 러시아에서 사는 게 주교에게는 그리 녹록지 않았다. 농부들은 그에게 거칠었고, 도움을 청하는 아낙네들은 둔하고 어리석었으며, 신학생들과 교사들은 교양이 없다 못해 때로 억척스러웠다. 그리고 드나드는 문서를 세어 보자면 수만 개는 될 텐데, 이게 다 무슨 문서들이냔 말인가! 교구마다 고위 성직자들이 노소를 막론하고 사제들은 물론이요, 심지어 그들의 처자들까지 품행을 평가해 5점, 4점, 심지어 3점이란 점수를 매겨 작성한 보고서였다. 게다가 주교는 그렇게 작성한 보고서들을 다 읽고, 이를 토대로 상담도 하고, 상담한 결과를 또 딱딱한 보고서로 써 내야만 했다. 남는 시간이 단연코 단 일 분도 없었기에 주교는 온종일 진을 빼다가 교회에 있을 때만 겨우 평정을 되찾았다.

그는 성품이 조용하고 겸손한 사람인데도 본인 의지와는 상관없이 사람들에게 경외심을 불어넣고 있다는 게 영 적응이 안됐다. 교구 사람들은 하나같이 그와 눈이 마주치면 쪼그라들고 두려워하고 죄지은 사람처럼 쭈뼛쭈뼛했다. 그 앞에서는 다들, 심지어 나이 많은 대사제들까지도 위축되어 그의 발밑에 '납작' 엎드렸다. 멀리 갈 것도 없이 일전에 그에게 청원하러 왔던 마을 사제의 아내인 노부인도 경외심에 압도당해 말 한마디 못 하고 소득 없이 돌아갔다. 그는 설교 중에는 측은지심이 우러나 생전 남을 비방하지도 않고 질책하지도 않았지만, 그에게 청원하러 온 사람들한테는 이상하게도 화가 치밀어 올라 이성을 잃고 청원서를 바닥에 내동댕이치기까지 했다. 그가 이곳에 있었던 시간 내내 단 한 명도 그에게 인간 대 인간으로, 진심으로 말을 걸어 온 사람이 없었던 건 맞지만, 심지어 어머니마저 이제는 예전 같지 않으시다니! 아들인 그와 함께 있을 때면 어울리지 않게 진지한 표정이 되어, 입을 꾹 다물고, 긴장까지 하시면서 대체 시소이와는 무슨 할 말이 그리 많아 웃고 떠들어 대시는지 참 알 수 없는 노릇이었다. 그나마 그를 편히 대하고 할 말을 다 하는 유일한 사람이 있다면, 평생 주교들을 모셨고 그중 열한 명을 먼저 떠나보낸 시소이뿐이었다. 그래서인지 주교는 그가 따분하고 몰지각하긴 해도 그와 함께 있으면 편했다.

화요 미사가 끝나고 표트르 주교는 교구 주교의 집에서 청원자들을 상대하다가 흥분하고 화가 난 상태로 집으로 돌아왔다. 전과 다름없이 몸이 썩 좋지 않았기에 눕고 싶은 마음이 간절했지만, 집에 도착하기가 무섭게 거금을 봉헌한 젊은 상인 에라킨이 매우 중요한 문제로 그와 논하고자 방문했다는 전갈을 받았다. 주교는 별수 없이 그를 만나야 했다. 에라킨은 한 시간 동안이나 쩌렁쩌렁 울리는 목소리로 열을 내며 말을 했는데, 뭐라는 건지 알아듣기도 힘들었다.

"주님만 허락하신다면," 그가 떠나면서 말했다. "그게 선결되어야죠! 주교님, 상황을 고려해서 허락하시리라 믿습니다!"

그가 가고 나니 이번에는 외딴 수녀원에서 수녀원장이 찾아왔다. 그녀가 돌아가고 나니 저녁 미사를 알리는 종이 울렸다. 그는 다시 교회로 향해야 했다.

저녁 미사에서 수사들은 고무되어 한목소리로 찬양했다. 검은 턱수염을 기른 젊은 사제가 미사를 집전했다. 주교는 '한밤중에 온 신랑과 혼인 잔치를 위해 꾸민 천국의 집'이란 성가를 들으면서 회개나 시련이 아닌 마음의 평화와 평온을 느꼈다. 그러다가 먼 과거로 거슬러 올라가 '신랑의 노래와 천국의 집'을 부르곤 했던 어린 시절과 젊은 시절이 떠올랐다. 실제로는 그렇지 않았으련만 옛 시절은 생생하고 아름답고 유쾌한 모습으로 그의 눈앞에 나타났다. 아마도 다가올 저세상에서 우리는 이와 비슷한 감정으로 이 세상에서의 삶을 먼 과거 회상하듯 떠올려 보겠지. 누가 알겠나? 주교는 제단 근처에 앉아 있었다. 어두컴컴한 그곳에서 눈물이 뺨을 타고 흘러내렸다. 이 세상에 태어나 주교까지 오른 그는 이룰 수 있는 모든 과업을 이뤘다고 생각했다. 그는 신앙이 있었지만, 모든 게 명확하지는 않았고, 여전히 뭔가 부족했다. 이런 상태로 죽고 싶지는 않았다. 가장 중요한 것, 과거에 희미하게 꿈꿔 왔던 뭔가를 놓쳤다는 기분이 가시지 않아서였다. 어린 시절에, 학창 시절에, 유학 시절에 느꼈던 앞날에 대한 희망의 끈을 아직 놓지 못해 괴로웠다.

'오늘따라 노래를 참 잘하네!' 성가를 들으며 그는 생각했다. '정말 훌륭해!'

4

목요일에 그는 대성당에서 미사를 집전했다. 세족례[*]를 거행하는 날이었다. 미사가 끝나고 사람들이 집으로 돌아갈 무렵에는 날씨가 따뜻하고 화창했다. 도랑물이 콸콸 흘렀고, 마을 저편 들판에서 날아오른 종달새가 평화를 만방에 알리듯 쉴 새 없이 부드럽게 재잘댔다. 나무들은 이미 잠에서 깨어나 미소 지으며 반가움을 표시하는가 하면, 그들 위로 그 끝과 깊이를 알 수 없는 푸른 하늘이 넓게 펼쳐져 있었다.

집에 도착하자 주교는 차를 마신 다음 옷을 갈아입고 침대에 누웠다. 평수사에게 덧창 좀 내려 달라고 부탁했다. 침실은 어두워졌다. 하지만 어찌나 피곤한지 묵직하다 못해 오싹하기까지 한 통증이 다리와 허리를 짓눌렀고 또 귀는 왜 이리 윙윙거리는지! 그는 푹 잤던 게 언제였나 싶을 정도로 오랫동안 잠을 잘 자지 못하였고, 지금도 역시 눈을 감자마자 머릿속에 출몰하는 별것 아닌 것들로 인해 잠이 오지 않았다. 전날과 마찬가지로 옆방에서 벽을 타고 목소리며, 잔이나 티스푼 부딪치는 소리며… 온갖 소리가 들려왔다. 마리야 티모페브나가 시소이 신부에게 실감 나게 추임새를 넣어 가며 재밌는 이야기를 들려주면, 시소이 신부는 심술궂고 언짢은 듯한 목소리로 "성가시게! 말도 안 돼! 어이

***

[*] 세족례: 가톨릭에서 수난주간의 목요일에 행하는 발을 씻기는 예식.

없군!"이라고 대답했다. 주교는 다시 한번 짜증이 났다. 노모가 남들과 있을 때는 수더분한 보통 노인네처럼 행동하다가도 아들인 자신과 있을 때는 격식을 차리느라 말수도 적어지고, 하려던 말도 집어삼킨다는 생각이 들자, 여간 섭섭한 게 아니었다. 그의 지나친 생각인지는 몰라도 지난 사흘 내내 그와 함께 있을 때면 가시방석에라도 앉은 듯 부담스러워하시며 일어설 핑계만 찾으시려는 것 같던데…. 아버지라면 어떠셨을까? 살아 계셨다 해도 어머니와 마찬가지로 아들인 주교 앞에서는 보나 마나 한마디도 제대로 못 하셨겠지….

옆방 바닥에 뭔가가 떨어져 깨지는 소리가 들렸다. 시소이 신부가 갑자기 버럭 화를 내며 말하는 걸 보니 카티야가 찻잔이나 찻잔 받침을 떨어뜨렸을 게 뻔했다.

"애물단지가 따로 없구나! 주님, 제 죄를 용서하소서! 주는 족족 다 깨부수니, 원 참."

그러더니 이내 모두 조용해졌고, 바깥에서 들리는 소리가 전부였다. 주교가 눈을 떴을 때는 카티야가 그의 방에서 가만히 서서 그를 빤히 쳐다보고 있었다. 붉은 머리는 평소처럼 빗 핀 위로 삐져나와 후광 같아 보였다.

"카티야, 너니?" 그가 물었다. "아래층에 누가 있어? 계속 문을 열었다 닫았다 하던데."

"전 안 들리는데요." 카티야가 그렇게 대답하고는 귀를 기울였다.

"거기, 누가 막 지나갔잖아."

"하지만 그건 삼촌 배에서 나는 소리였는데요."

그는 웃으며 아이의 머리를 쓰다듬었다.

"그래, 네 말은 사촌 니콜라샤가 죽은 사람을 벤다는 거지?" 그가 잠시 후 물었다.

"네, 오빠는 하는 공부가 그렇대요."

"그래도 정은 있지?"

"네, 좋아요. 하지만 보드카를 벌컥벌컥 마셔 대요."

"아버지는 어쩌다 돌아가셨어?"

"아빠는 몸도 약하고 정말 정말 말랐는데 어느 날 갑자기 목구멍이 나빠졌어요. 그때는 나도 아팠고, 남동생 페디야도 그렇고, 우리 모두 목구멍이 아팠어요. 삼촌, 그런데 아빠만 돌아가셨어요. 우리는 그러다 나았고요."

아이의 턱이 떨리기 시작하더니 금세 두 눈에 눈물이 맺혀 반짝이다가 뺨을 타고 흘러내렸다.

"주교님." 아이가 엉엉 울며 새된 소리로 말했다. "아니, 삼촌. 엄마랑 우리는… 진짜로 불쌍해졌어요. 우리한테 돈 좀… 주세요. 정을… 나눠 줘요. 사랑하는 삼촌…."

어쩌나 마음이 짠하던지 그도 역시 눈물이 났고 한참을 목이 메어 말을 잇지 못했다. 그러고 나서 아이 머리를 쓰다듬고 어깨를 토닥이며 말했다.

"그럼, 그렇고 말고. 얘야, 부활절에 말해… 보자꾸나. 내 도와

줄게…. 도와줄 테니 걱정하지 마…."

그의 어머니가 말없이 들어와 성상 앞에서 기도했다. 그가 자고 있지 않다는 것을 알고 말했다.

"수프 좀 들겠어요?"

"아니, 괜찮아요." 그가 대답했다. "배가 안 고프네요."

"여기 와서 지켜보니 건강이 썩 좋아 보이지 않네요. 그렇게 온종일 서 있고, 온종일… 세상에, 그리 몸이 좋지 않은 게 당연하다는 생각밖에 안 드네요! 쳐다보기만 해도 안쓰럽답니다! 그래요, 부활절이 멀지 않았으니 그때 가서 푹 쉬어요, 꼭이요. 우리 얘기도 그때 하고요. 하지만 지금은 말이 길어지다 보면 쉬는 시간이 줄어들 테니 이만 물러날게요. 카티야, 이리 와. 주교님 주무셔야지!"

오래전 그가 어린 소년이었을 적에도 어머니는 어떤 고위 성직자에게 방금처럼 지나치다 싶을 정도로 공손한 어조로 말씀하셨다…. 말투만으로는 남남인 줄 알겠지만, 그래도 방을 나가면서 그를 힐끗 볼 때 내비치던 한없이 다정한 눈빛과 초조하고 걱정스러운 표정을 보면 남들도 그의 어머니라고 짐작해 볼 수 있을 것이다. 그는 눈을 감았고, 잠드는가 싶었지만, 시계 종 치는 소리를 두 번이나 들었고, 시소이 신부가 벽 너머에서 기침하는 소리도 놓치지 않았다. 그리고 한 번 더 어머니가 들어와 잠시나마 그를 전전긍긍하며 바라보는 것도 느꼈다. 사륜마차인지 이륜마차인지 마차가 계단을 향해 다가오는 소리가 들렸다. 느닷없이 노크 소리에 이어 요란한 문소리가 들리더니 평수사가 침실로 들어왔다.

"주교님." 그가 불렀다.

"음?"

"마차가 도착했어요. 저녁 미사 시간입니다."

"지금이 몇 시인가?"

"일곱 시 십오 분입니다."

그는 옷을 갖춰 입고 대성당으로 갔다. 〈열두 복음서〉*를 낭독하는 내내 그는 교회 한가운데서 꼼짝없이 서 있어야 했다. 가장 길고 가장 아름다운 첫 번째 대목은 그가 직접 읽었다. 자신감과 용기가 차올랐다. "이제 사람의 아들이 영광을 받노니"**로 시작되는 첫 소절은 줄줄 외운 지 오래라 이따금 눈을 들어 양쪽에서 넘실대는 불빛 향연을 보고 초 심지가 타들어 가는 소리도 들었다. 하지만 몇 해 전부터 사람들을 봐도 누가 누군지 분간할 수 없었다. 그래서 마치 이들이 어린 시절, 젊은 시절에 그의 주변 인물들과 같은 사람들이고, 하나님만 아시는 그날이 올 때까지 그들은 해마다 변치 않는 모습으로 이 자리에 머무를 것만 같았다.

그의 아버지는 부제였고, 할아버지는 사제였으며, 증조할아버

---

* 열두 복음서: 성목요일 저녁 미사에서 낭독하는 마태복음, 마가복음, 누가복음, 요한복음, 이 사대 복음서에서 발췌한 열두 대목을 일컫는다.
** 이제 사람의 아들이 영광을 받노니: 요한복음 13장 31절.

지도 부제였다. 러시아가 기독교를 용인하던 그날부터 집안 대대 손손 성직자의 길을 걸었는지도 모른다. 그래서 미사니, 사제직 이니, 종소리에 대한 그의 사랑은 선천적으로 마음속 깊이 뿌리 박혀 있었다. 교회에서, 특히 미사를 집전할 때 그는 힘이 났고, 호응도 좋았고, 행복했다. 지금도 마찬가지였다. 다만 여덟 번째 복음서를 읊는데 목소리가 갈수록 희미해지고 심지어 자신이 내뱉은 기침 소리마저 들리지 않았다. 머리는 찌릿하게 아프기 시작했고 쓰러질지도 모른다는 공포에 휩싸였다. 다리는 정말로 마비되었는지 감각이 없었고 어떻게 서 있는지, 왜 서 있는지, 왜 쓰러지지 않는지도… 알 수 없었다.

미사가 끝나니 자정이 되기 십오 분 전이었다. 집에 돌아오자마자 주교는 겉옷만 벗고 심지어 기도도 하지 않은 채 곧바로 잠자리에 들었다. 말하기는커녕 일어날 수도 없을 것만 같았다. 퀼트 이불을 머리끝까지 뒤집어쓰고 보니 갑자기 외국에 있었던 시절이 그리워 견딜 수가 없었다. 이런 보잘것없는 싸구려 덧문과 낮은 천장을 안 보고, 퀴퀴한 수도원 냄새를 안 맡을 수만 있다면 남은 인생이라도 걸어 볼 텐데…. 대화를 나눌 만한 사람이 단 한 사람이라도 있었다면 마음을 열어 보였을 텐데!

옆방에서 한참 발소리가 났지만, 그는 누구 발소리인지 알 수 없었다. 마침내 문이 열리고 시소이가 손에 초와 찻잔을 가지고 들어왔다.

"벌써 잠자리에 드셨나요, 주교님?" 그가 물었다. "독주와 식초로 마사지해 드리려고 왔습니다. 온몸 구석구석 문지르면 상당히 호전될 겁니다. 우리 주 예수 그리스도…! 그렇지요…. 그래요…. 여기 수도원에 온 지 얼마 안 되긴 했죠…. 그래도 맘에 안 들어요. 내일 여길 떠날 거예요, 주교님. 더는 있고 싶지 않아요. 오 주여…. 그렇죠….”

시소이는 한 장소에 오래 머물 수 없던 터라 판크라티예프스키 수도원에서 한 일 년은 버틴 것 같은 기분이 들었을 것이다. 무엇보다 그의 말을 듣고 있으면 그의 집이 어딘지, 그가 좋아하는 사람이나 좋아하는 것이 과연 있는지, 심지어 하나님을 믿기는 하는지조차… 아리송했다. 애당초 본인도 어쩌다 수사의 길로 들어서게 되었는지 몰랐고, 정말로 동기 같은 건 생각조차 안 했으며, 수사가 된 지도 까마득해서 초심은 이미 잊은 지 오래였다. 그냥 태어나 보니 수사였는지도 모른다.

“전 내일 떠날 겁니다. 남은 사람들은 주님이 챙기라지요.”

“신부님과 이야기하고 싶었는데…. 시간을 통 낼 수가 없네요.” 주교가 애써 부드럽게 말했다. “여기서는 아는 사람도, 아는 것도 없는데….”

“원하신다면 주일까지 있겠어요. 그러죠, 뭐. 하지만 더 있고 싶지는 않습니다. 신물이 나요!”

“저는 주교가 되지 말아야 했나 봐요.” 주교가 부드럽게 말했다. “마을 사제나 부제… 아니면 단순히 평수사로 족해야 했어요. 이 모든 게 저를 심히 억누르고…. 답답하네요.”

"네? 오, 주여… 그렇죠. 푹 주무세요, 주교님! … 그런 얘기 한들 뭔 소용이에요? 부질없어요. 어서 주무세요!"

주교는 밤새 잠을 이루지 못했다. 아침 여덟 시에 혈변이 나오기 시작했다. 평수사가 놀라서 맨 먼저 수도원장한테 달려갔다가 곧바로 읍내에 사는 이반 안드레이치라는 수도원 의사를 찾았다. 나이 들어 희끗희끗한 턱수염을 길게 늘어뜨린 땅딸막한 의사는 주교를 한참이나 진찰하더니 머리를 절레절레 흔들고 얼굴을 찌푸리며 말했다.

"주교님, 장티푸스에 걸린 걸 알고 계셨나요?"

출혈이 있은 지 한 시간 정도 지났을 뿐인데, 주교는 훨씬 더 수척하고 창백하고 지쳐 보였다. 얼굴은 주름지고, 눈만 커 보였고, 금세 더 늙고 키도 준 것 같았다. 그는 다른 누구보다 마르고, 약하고, 보잘것없는 것만 같았고, 그동안 존재해 온 모든 것이 멀리멀리 뒤로 밀려나 버려 다시는 계속되거나 반복되지 않을 것 같았다.

'잘됐어.' 그가 생각했다. '잘된 거야!'

노모가 들어왔다. 아들의 쭈글쭈글한 얼굴과 퀭한 눈을 보고는 기겁하며 침대 옆에서 무릎을 꿇고 그의 얼굴과 어깨, 손에 입을 맞추기 시작했다. 그녀가 보기에도 그는 누구보다 마르고 약하고 보잘것없었기에 이제 그가 주교라는 것도 까먹고 마치 매우 가깝고도 사랑스러운 아들인 양 그에게 입을 맞췄다.

"파블루샤, 얘야." 그녀가 말했다. "우리 아들, 사랑하는 아들아! … 어쩌다 이 지경이 된 거냐? 파블루샤, 대답 좀 해 봐!"

하얗게 질린 심각한 표정으로 할머니 옆에 서 있던 카티야는 삼촌에게 무슨 일이 일어났는지, 할머니 얼굴은 왜 그리 고통스러운지, 왜 할머니는 슬프고도 애처로운 이야기를 하는지 이해할 수 없었다. 이제 그는 한마디도 할 수 없었고, 아무것도 이해할 수 없었으며, 상상 속에서 그저 지극히 평범한 사람이 되어 지팡이를 두드리며 들판을 빠르고 신나게 걷고 있었다. 위를 보니 햇살이 따사로이 내리쬐는 탁 트인 하늘이 있었고, 이제 새처럼 자유로운 몸이 되어 원하는 곳 어디든 갈 수 있었다.

"파블루샤, 사랑하는 우리 아들, 말 좀 해 봐." 노모가 말하고 있었다. "이게 다 무슨 일이냐, 아가!"

"주교님을 귀찮게 하지 말아요." 시소이가 방을 왔다 갔다 하며 화를 내며 말했다. "주무시게 돼요…. 그래 봤자 무슨… 아무 소용이 없지…."

의사가 세 명이나 와서 서로 논의하나 싶더니 다시 가 버렸다. 낮이 이렇게 길었나 싶을 만큼 길었고, 이윽고 밤이 와서도 느릿느릿 시간이 흐르더니 토요일 새벽녘에 평수사가 응접실 소파에 누워 있던 노모에게 다가와 침실로 들어오라고 했다. 주교가 막 숨을 거두었다.

다음 날은 부활절 주일이었다. 읍내에는 교회 마흔넷에 수도원만 해도 여섯 개나 있는 터라 부활절을 맞아 낭랑한 종소리가 아침부터 밤까지 쉴 새 없이 울려 퍼져 봄 공기에도 진동이 느껴졌고, 새들은 노래하고 햇살은 눈부시게 빛났다. 넓은 장터는 흔들거리는 그네에다가, 오르간 두드리는 소리며, 아코디언 끽끽거리는 소리에, 술꾼들의 술주정까지 더해지면서 시끌벅적했다. 한낮이 지나니 큰길로 마차들도 다니기 시작했다.

한마디로 작년과 마찬가지로 다들 신이 났고, 더할 나위 없이 좋았으며, 내년이라고 해서 딱히 다르진 않을 것이다.

한 달 후에 대리 주교가 새로 임명되자, 표트르 주교에 미련을 두는 사람은 아무도 없었고, 그 후로 그는 사람들 뇌리에서 완전히 잊혔다. 다만 지금은 외딴 작은 시골 마을에서 부제인 사위와 같이 사는 고인의 노모만이, 밤에 소를 들여놓으려고 들판에 나가다가 이웃 아낙네들을 만나 자식 얘기며 손주들 얘기를 할 적에, 주교였던 아들이 있었노라고, 사람들이 행여 안 믿을까 봐 눈치 살펴 가며, 슬쩍… 말해 본다.

그리고, 정말로, 그 말을 믿지 않는 사람들도 있다.

작가 연보

1860년 러시아 구력舊曆으로 1월 17일, 러시아 남부 크림반도의 항구도시 타간로크에서 잡화상의 아들로 태어나다.

1868년 타간로크의 김나지움(8년제 중등 과정)에 입학하다.

1876년 아버지의 파산으로 일가족은 모스크바로 이주하고, 체호프만 혼자 남아 김나지움을 졸업할 때까지 타간로크에 머무르다.

1879년 모스크바대학 의학부에 입학하다. 대학에 다니는 동안 생계를 위해 필명으로 유머 잡지에 글을 투고하다.

1880년 첫 번째 단편 〈이웃에 사는 학자에게 보내는 편지〉를 페테르부르크의 주간지 《잠자리》에 게재하다. 이후 7년 동안 '안토샤 체혼테' 등의 필명으로 많은 유머 소품을 주간지나 신문에 기고하다.

1883년 단편 〈서기의 죽음〉 등을 발표하다.

1884년 모스크바대학 의학부를 졸업하고 병원에 잠깐 근무하다 개원하다. 12월에 처음으로 객혈하다. 첫 번째 유머 단편집 《멜포메네 이야기》를 자비로 출판하다.

1886년 처음으로 필명이 아닌 본명으로 《신시대》지에 〈추도식〉을 발표하다. 두 번째로 객혈하다. 단편집 《잡다한 이야기들》이 출간되다.

1887년 단편집 《황혼》이 출간되다. 단편 〈베로치카〉 등을 발표하다.

1888년   10월에 단편집 《황혼》으로 러시아 학술원에서 주는 푸시킨상을
         수상하다. 단편 〈미인들〉 등을 발표하고, 단막극 〈청혼〉 등이 성황
         리에 공연되다.

1889년   중편 〈지루한 이야기〉를 집필하다. 단편 〈바냐 이야기〉의 토대가
         되는 장막극 〈숲의 정령〉을 모스크바의 아브라모바극장에서 상연
         하지만 혹평을 받다. 단편 〈공작부인〉, 〈내기〉, 단막극 〈결혼식〉 등
         을 집필하다.

1890년   시베리아를 횡단해 유형지인 사할린섬에 도착, 3개월간 유형지의
         실태를 조사하고 모스크바로 돌아오다.

1891년   남부 유럽을 여행하다. 사할린에서 벌인 실태조사를 기록한 《사할
         린섬》을 집필하다. 가을에는 대기근으로 인한 난민 구제 사업에
         참여하다. 단편 〈베짱이〉, 단막극 〈창립기념일〉 등을 집필하다.

1892년   모스크바에서 남쪽으로 60킬로미터 떨어진 곳에 자리한 멜리호
         보로 일가족이 이주하다. 여름에 콜레라가 유행하자 의사로서 방
         역 사업에 참여하다. 〈6호실〉을 《러시아 사상》지에 발표해 큰 반향
         을 일으키다. 단편 〈공포〉 등을 발표하다.

1894년   3월에 심장 이상을 겪다. 여름에 남유럽을 여행하다. 중편 〈검은 수
         도사〉, 단편 〈대학생〉 등을 발표하다.

1895년   8월에 야스나야 폴랴나에 찾아가 처음으로 레프 톨스토이를 방문
         하다.

1896년   알렉산드린스키극장에서 희곡 〈갈매기〉를 초연하지만 크게 실패
         하다.

1897년   3월에 결핵이 악화되어 입원하다. 9월에는 요양을 위해 니스로 가
         서 1898년 4월까지 체류하다.

1898년   막심 고리키와 교류하며 편지를 주고받다. 요양을 위해 얄타에 땅
         을 구해 이주하다. 12월에 모스크바예술극장에서 〈갈매기〉를 공
         연해 크게 성공하다. 단편 〈상자 속의 사나이〉 등을 발표하다.

1899년 10월에 모스크바예술극장에서 〈바냐 아저씨〉를 초연하다. 단편
〈강아지를 데리고 다니는 여인〉 등을 발표하다.

1900년 톨스토이와 함께 학술원 명예회원으로 선출되다. 단편 〈골짜기〉를
발표하다.

1901년 1월에 모스크바예술극장에서 〈세 자매〉를 초연하다. 5월에 모스
크바예술극장의 배우 올가 크니페르와 결혼하다.

1902년 막심 고리키의 학술원 명예회원 자격 박탈에 항의하여 자신도 명
예회원을 사퇴하다.

1903년 〈벚꽃 동산〉을 탈고하다. 마지막 단편 〈약혼녀〉를 발표하다.

1904년 1월에 모스크바예술극장에서 〈벚꽃 동산〉을 초연하다. 모스크바
에서 얄타로 돌아오지만 결핵 증상이 악화되다. 요양을 위해 아내
와 함께 독일 남부 바덴바일러로 떠나다. 하지만 병세가 나아지지
않아 7월 2일 오전 3시에 장결핵으로 사망한다. 유해는 모스크바
노보데비치 수도원의 묘지에 안장되었다.

체호프 단편선

초판 1쇄 인쇄 2025년 1월 8일
초판 1쇄 발행 2025년 1월 15일

지은이 안톤 체호프
옮긴이 홍수연
펴낸이 이효원
편집인 노현주
마케팅 추미경
디자인 이용석(표지), 이수정(본문)
펴낸곳 올리버
출판등록 제395-2022-000125호
주소 경기도 고양시 덕양구 삼송로 222, 101동 305호(삼송동, 현대헤리엇)
전화 070-8279-7311   **팩스** 02-6008-0834
전자우편 tcbook@naver.com

ISBN 979-11-94381-15-0 04080
       979-11-89550-89-9 (세트)

* 값은 뒤표지에 있습니다.
* 잘못된 책은 구입하신 서점에서 바꾸어 드립니다.

* 도서출판 올리버는 탐나는책의 교양서 브랜드입니다.

올리버 세계교양전집 목록